《蘇州全書》編纂出版委員會 編

·春秋三傳讞
·春秋攷
·石林先生春秋傳

蘇州全書

甲編

蘇州大學出版社
古吳軒出版社

春秋穀梁傳讞

卷四至卷六全

春秋穀梁傳讞

宋　葉夢得　撰

卷四

閔公

元年

秋八月公及齊侯盟于落[洛]姑

盟納季子也

非也說已見左氏

冬齊仲孫來

其曰齊仲孫外之也其不目而曰仲孫疏之也其言

齊以累桓也

非也説已見公羊

二年

秋八月辛丑公薨

不地故也其不書葬不以討毋葬子也

非也説已見隱公　閔公以八月薨九月而夫人

孫于邾慶父出奔莒則夫人與慶父弒閔公之罪魯人知之矣雖歸獄于鄧扈樂不足以蓋也以常法約之閔公之葬當在十二月夫人以明年七月始見討于小白而慶父亦為季子所殺則方閔公葬時賊尚未討故不得書葬經不應自後追書之以葬閔公也文姜哀姜與聞乎弒之罪不可得而考矣但以其孫為惡見之始文姜之孫在桓公既葬之後故桓公書葬哀姜之孫在閔公當葬之前

故閔公不書葢此雖其事不顯而其理宜然可信
不疑也
公子慶父出奔莒
其曰出絕之也慶父不復見矣
内大夫奔未有不書出者非獨為慶父起也言絕
之妄矣慶父蓋自是適無當見之事亦非以其有
事絕之而不書也
冬齊高子來盟

其曰來喜之也其曰高子貴之也盟立信公也不言使何也不以齊侯使高子也

內大夫往盟皆曰涖外大夫來盟皆曰來春秋常法也何獨喜於高子乎其不言使正謂盟出於高子而非受命於小白與楚屈完來盟於師者同也若謂高子有功故不以齊侯使高子則凡功利之臣掠美于已而自專之者其君皆不得而制豈春秋之法乎

僖公

元年春

齊師宋師曹師次于聶北救邢

救不言次言次非救也非救而曰救何也遂齊侯之
意也是齊侯與齊侯也何用見其是齊侯也曹無師
曹師者曹伯也其不言曹伯何也以其不言齊侯不
可言曹伯也其不言齊侯何也以其不足乎揚不言
齊侯也

救不言次是矣若曰非救而曰救以遂齊侯之意則是經欲成小白之美而虛設救文可乎前以言救為遂齊侯之意是褒也今以不言齊侯為不足乎揚是貶也則經於小白其進退果安在哉以先王之制言之諸侯非方伯皆不得有軍無軍則無師非獨曹也以春秋諸侯言之則大國小國無非僭立軍者故十五年見齊師曹師伐厲則安得獨絕曹使無師哉而傳每為曹無師虞無師之論殆不

可曉以不言齊侯故言曹師亦非是齊侯不得稱爵而稱師為其不足乎揚而貶可也曹伯非有罪者安得以齊侯貶而亦貶若謂爵不可以配師則棐林之役宋公陳侯衛侯曹伯尚不嫌於會晉師則曹伯何獨嫌於配齊師乎

齊師宋師曹師城邢

是向之師也使之如改事然美齊侯之功也

城邢非向之師說已見左氏審為美齊侯之功如

能改前不及救之事則當復以爵見何為猶稱師

手

秋七月戊辰夫人姜氏薨於夷齊人以歸

夫人薨不地地故也不言以喪歸非以喪歸也加喪

焉諱以夫人歸也其以歸薨之也

公薨於國外魯夫人固未有薨於國外者安得以

夫人不地為例哉桓公魯君也薨於齊魯之臣子

在焉可得以自歸故直書喪至而不言齊人以歸

夫人齊女也孫而在齊非齊人歸之則不能以自歸故先書齊人以歸而後言喪至此文理所當然也不言以喪歸薨則不疑於喪矣此蒙上文是豈諱以夫人歸之辭哉

九月公敗邾師於偃

不日疑戰也疑戰而曰敗勝內也

非也說見敗宋師於乘邱按乘邱文闕

冬十月壬午公子友帥師敗莒師于麗獲莒挐

莒無大夫其曰莒挐何也以吾獲之目之也内不言獲此其言獲何也惡公子之紿紿者奈何公子友謂莒挐曰吾二人不相説士卒何罪屏左右而相搏公子友處下左右曰孟勞孟勞者魯之寶刀也公子友以殺之然則何以惡乎紿也曰棄師之道也

傳言莒無大夫等其失大抵與公羊同説見公羊大獲每言之此以獲為公子紿者不知大夫生死曰獲之例而妄意之也傳例固以不日為疑戰日

為偏戰矣今書壬午是偏戰也豈有偏戰而以兩人相搏決勝者乎

十有二月丁巳夫人氏之喪至自齊

其不言姜以其殺二子貶之也或曰為齊桓諱殺同姓也

所惡於殺同姓者為其廢親親之道而自賊也齊侯以霸主討賊大義滅親之道豈殺同姓之謂乎若以謂賊在所當討齊侯雖殺同姓不為過則非

所諱若以為哀姜不當討齊侯以殺同姓為惡則不必諱二義皆無當其不言姜此必貶夫人之辭爾

二年春王正月城楚邱

楚邱者何衛邑也國而曰城此邑也其曰城何也封衛也則其不言城衛何也衛未遷也其不言衛之遷焉何也不與齊侯專封也其言城之者專辭也故非天子不得專封諸侯諸侯不得專封諸侯雖通其仁以

卷四　七

春秋穀梁傳讞

義而不與也故曰仁不勝道

城築不以國邑言說已見左傳不言城衛正為專封諱爾以詩定之方中考之蓋諸侯先遷衛而後為之城亦不得言衛未遷也

虞師晉師滅夏陽

非國而曰滅重夏陽也虞無師其曰師何也以其先晉不可以不言師也

虞無師說已見前

秋九月齊侯宋公江人黄人盟于貫

貫之盟不期而至者江人黄人也江人黄人者遠國之辭也中國稱齊宋遠國稱江黄以為諸侯皆來至也

此言之過與公羊同武王觀兵孟津諸侯不期而至者八百國而已此周之所以王也今謂江黄為遠國不期而至以為諸侯皆來則五服之内無有不朝齊者小白當愈於武王經何以無異文以見

哉

三年

六月雨

雨云者喜雨也喜雨者有志乎民者也

雨書有詳畧直見其君于民有勤惰爾不于是文

推其喜與憂也其說皆妄吾前言之矣

秋齊侯宋公江人黄人會于陽穀

陽穀之會桓公委端搢笏而朝諸侯諸侯皆諭乎桓

公之志
小白九合諸侯不以兵車則皆衣裳之會無非委端搢笏以朝諸侯也何獨于陽穀言之若曰惟陽穀諸侯皆諭乎桓公之志則他會皆不諭桓公之志乎

四年

夏許男新臣卒

諸侯死於國不地死於外地死於師何為不地内桓

師也

諸侯死外言地死于師言師死于師不言地非所以起問也此盖見書晉侯黑臀卒于扈故云爾不知黑臀會散而卒非卒于會也新城之卒說已見左氏當地而不地亦何足內桓師哉

楚屈完來盟于師盟于召陵

楚無大夫其曰屈完何也以其來會桓成之為大夫也其不言使權在屈完也則是正乎曰非正也以其

來會諸侯重之也來者何内桓師也于師前定也于召陵得志乎桓公也得志不得志也以桓公得志為僅矣屈完曰大國之以兵向楚何也桓公曰昭王南征不反菁茅之貢不至故周室不祭屈完曰菁茅之貢不至則諾昭王南征不反我將問諸江

師于召陵兩者自不同説已見公羊　來者自外至之辭所以外楚非内桓也凡來盟言使可以知其前定鄭伯使其弟語來盟之類是也今傳謂不言

使權在屈完則非楚子之命何以為前定乎盟于召陵所以見小白之服楚也則謂楚為得志謂桓公為不得志亦誤經所正者大義不以屈完之辭立文也

齊人執陳袁濤塗

齊人者齊侯也其人之何也於是哆然外齊侯也不正其踰國而執也

傳例稱人以執大夫執有罪也故凡以人執者皆

守此說何以袁濤塗獨以為齊侯乎此蓋不知經書執之義既誤為例所以又不能必也且伯主執大夫但論有罪無罪爾若無罪雖來其國中固不可執若有罪雖踰國安得不執乎

八月公至自伐楚

有二事偶則以後事致後事小則以先事致其以伐楚致大伐楚也

穀梁辨致之謬吾前言之矣于此益見其遷就之

春秋集辨傳錄

妄凡經事同而書者未嘗不一辭惟致會皆隨事而見蓋以其始出而告者歸復告之此告廟之常也雖中有他事而非其始吉之意則亦不致會而告會此固一事也若會而盟告會不告盟會本以盟亦一事也至離盟離會則以地致離盟則非會自不得言會離會非衆會之辭故亦不言會若會而伐會而圍會而救各以其事致此所謂始告而出者其所重在事不在會也如僖六年伐鄭之役

後事救許而以伐鄭致之類非以前事致也救許遂事始出而告者不以救許在伐鄭也襄十一年伐鄭之役後會蕭魚而以會致之類非以後事致也蕭魚鄭服始告而出者不以伐鄭在服鄭也今會而侵蔡遂伐楚而以伐楚致者伐楚雖為遂事盖文連侵蔡而始告者亦志在服楚初則侵蔡以逼之繼則次陘以伐之伐而請盟然後服楚若以會致則始告者不以侵蔡若以盟致則經無致盟

故以伐楚致之此皆史載其實經不得不為異文而傳妄為致前事後事之論既不能齊乃復以小大為說以救之不知所謂小大者寔事之小大耶抑以美惡為小大耶若謂侵蔡為小伐楚為大故致伐楚是事之小大也然柯陵之伐則以謂不周乎鄭而致會蕭魚之會則以為得鄭伯而不伐是乃以美惡為小大也其說蓋又不能齊終何以取信哉

五年

冬晉人執虞公

執不言所於地緼於晉也其曰公何也猶曰其下執之之辭也其猶下執之之辭何也晉命行乎虞民矣

虞虢之相救非相為賜也今日亡虢而明日亡虞矣

春秋內諸侯以公見者二州公祭公是也此嘗為三公而食采于畿內者也外諸侯以公見者二郭公虞公是也此諸侯而入為王三公或其先世嘗

為公者也五等之君其臣名雖各得以公稱此下
事上之制若以為惡虞公固當别為異辭以見輕
安得屈王法以録其臣民之稱以為辭哉且臣而
執君亦不可以為訓矣

六年

夏公會齊侯宋公陳侯衛侯曹伯伐鄭圍新城

伐國不言圍邑此其言圍何也病鄭也著鄭伯之罪
也

非也說已見前

秋楚人圍許諸侯遂救許

善救許也

非也說已見前

七年

秋七月公會齊侯宋公陳世子款鄭世子華盟于甯母

衣裳之會也

傳言衣裳之會十有一何獨於甯母挈之此與陽

穀之失同

八年春

鄭伯乞盟

以向之逃歸乞之也乞者重辭也重是盟也乞者處其所而請與也蓋汋之也

非也說已見公羊

秋七月禘于大廟用致夫人

用者不宜用者也致者不宜致者也言夫人必以其

氏姓言夫人而不以氏姓非夫人也立妾之辭也非正也夫人之我可以不夫人之乎夫人卒葬之我可以不卒葬之乎一則以宗廟臨之而後貶焉一則以外之弗夫人而見正焉

傳以秦人來歸成風之禭為外之弗夫人以見正則所謂立妾者成風也是其然不得以不書氏姓為非夫人蓋貶夫人則可去氏姓此貶妾也義在致為夫人不在氏姓自不必以氏姓見若信用致

夫人風氏則風氏業已夫人矣何用見其不宜致
手

九年

九月戊辰諸侯盟于葵邱

桓盟不日此何以日美之也為見天子之禁故備之
也葵邱之盟陳牲而不殺讀書加于牲上壹明天子
之禁曰毋雍泉毋訖糴毋易樹子毋以妾為妻毋使
婦人與國事

傳既為桓盟不日之例知其不可通故至是不得不復為之說以救之且前言同盟者皆曰同尊周同尊周與明天子之禁孰為輕重而不盟何為不日乎

冬晉里克殺其君之子奚齊

其君之子云者國人不子也國人不子者何也不正其殺世子申生而立之也

未踰年之君未成其為君自當繫之父稱子若内

書子卒是也此不可曰里克殺子奚齊嫌於里克之子故以君之子別之何以知奚齊為國人不子哉

十有二年

夏楚人滅黄

貫之盟管仲曰江黄遠齊而近楚楚為利之國也若伐而不能救則無以宗諸侯矣桓公不聽遂與之盟管仲死楚伐江滅黄桓公不能救故君子閔之也

經書滅國多矣其辭皆一施之黄無異文安知其獨見閔是他滅國皆不閔也

十有四年春諸侯城緣陵

其曰諸侯散辭也聚而曰散何也諸侯城有散辭也桓德衰矣

非也此亦不知諸侯不聚之例爾

二十年

五月乙巳西宫災

謂之新宮則近為禰宮以謚言之則如疏之然以是為閔公也

公羊言諸侯三宮者是也襄九年穆姜薨于東宮為其證有東宮則有西宮穆姜成公之母宣公之妻也故居于左而杜氏悞解以為太子宮蓋惑于東宮得臣之言也

文公

元年春

天王使叔服來會葬

葬曰會其志重天子之禮也

會猶言滕子來會葬者同此常文爾豈亦重滕子之禮而志哉傳蓋不知天子葬諸侯他公不志而獨志於僖公之義故妄言之也

天王使毛伯來賜公命

禮有受命無來賜命非正也

非也說已見前

冬十月丁未楚世子商臣弒其君髡

日髡之卒所以謹商臣之弒也夷狄不言正不正商臣之弒不待日卒而謹也蔡世子般弒其君同此宜亦當日者何為而獨不日乎楚子卒見經者六皆非弒也而未有不日者楚人既不言正不正則此六日者亦何為而謹乎

二年春

丁丑作僖公主

作為也為僖公主也立主喪主於虞吉主於練作僖公主譏其後也作主壞廟有時日於練焉壞廟壞廟之道易檐可也改塗可也

此譏作主緩傳以壞廟言之固非矣禮雖練而易主然猶未壞廟壞廟三年喪畢致新死之主於廟然後壞其毀之廟以次遷於練言之亦非也

三月乙巳及晉處父盟

不言公處父伉也為公諱也何以知其與公盟以其

日也何以不言公之如晉所恥也出不書反不致也

隱元年三月公及邾儀父盟于蔑莊九年春公及

齊大夫盟于蔇公盟或時或月或日初無定何以

知日之為公與盟乎

八月丁卯大事于大廟躋僖公

大事者何大是事也著祫嘗祫祭者毀廟之主陳于

大祖未毀廟之主皆升合祭于大祖躋升也先親而

後祖也逆祀也逆祀則是無昭穆也無昭穆則是無

祖也無祖則無天也故曰文無天無天者是無天而行也君子不以親親害尊尊此春秋之義也

經書大事書有事大事袷也有事禘祠烝嘗也嘗不得通為大事經但譏其逆祀爾於文何以見無天蓋謂後歸含且賵與會葬王不言天穀梁竊桓無王文無天之說而不詳其義誤以為譏文公故妄施於此

三年

雨螽于宋

外災不志此何以志也曰災甚也其甚奈何茅茨盡矣著於上見於下謂之雨

雨言墜而死左氏之説是也死則不能為災矣此記異非記災言茅茨盡者妄也

五年春王正月王使榮叔歸含且賵

含一事也賵一事也兼歸之非正也其曰且志兼也其不言來不周事之用也賵以早而含已晚

此與公羊言蒐之非禮者異義而同失說已見左
氏

七年春公伐邾三月甲戌取須句

取邑不日此其日何也不正其再取故謹而日之也
此以僖公先嘗取須句故云爾僖公既取須句又
取訾婁一公而連取邾二邑不謹而日文公與僖
公異世而再取乃謹而日乎其重輕不倫矣此但
見内取邑十一十不日而此獨日故妄意之也

戊子晉人及秦人戰于令狐晉先蔑奔秦
不言出在外也輟戰而奔秦以是為逃軍也
非也已見左氏
八年
公孫敖如京師不至而復丙戌奔莒
不言所至未如也未如則未復也未如而曰如不廢
君命也未復而曰復不專君命也其如非如也其復
非復也唯奔莒之為信故僅而日之也

不言其所者未出竟也言曰别其復而後奔也故
經不言出謂已出其國中自境上奔也與晉先蔑
奔秦不言出同若未如而言如未復而言復不唯
春秋虚如之文乃使掩敖之惡反為不廢君命不
專君命乎叔孫僑如出奔齊臧孫紇出奔邾皆書
日此非有嫌於不信者何為而謹之也

宋人殺其大夫司馬

司馬官也其以官稱無君之辭也

隱書武氏子來求賻不言使傳以為無君謂桓王當喪未君也今宋殺其大夫舉官亦以為無君其意謂去年宋公王臣卒昭公亦在喪也然去年殺其大夫何以不舉官而今方舉之乎何休難之是矣且曰其大夫則是有君之辭矣無君而舉官此亦無當於理鄭康成强以無君德解之尤非是傳例以國殺為殺無罪人殺為殺有罪今以人殺是有罪矣何以罪人君之無德而凡以國殺者反不

舉官固非傳意據左氏此乃襄大夫殺襄公之孫司馬公子卬死司城蕩意諸奔非昭公之為亦不得罪其君二說皆不足據此蓋不知宋二王後備六卿得與王太宰以官見也

九年春

辛丑葬襄王

天子志崩不志葬舉天下而葬一人其道不疑也志葬危不得葬也日之甚矣其不葬之辭也

非也說已見前

三月夫人姜氏至自齊

卑以尊致病文公也

夫人出而歸寍歸而反國苟無所愧無有不告廟者既告而書乃常禮也豈有以夫人為卑而不得與公俱致哉何病文公之有魯臣被執而歸告廟猶書夫人歸寧而歸告廟反不得書亦倒置矣此盖傳見文姜哀姜出無有致者故以為例不知文

姜哀姜自春秋諱而没之故不得見也

晉人殺其大夫士穀及箕鄭父

稱人以殺誅有罪也鄭父累也

傳例稱國以殺者罪累上也今鄭父稱人以殺而又謂之累何哉

九月癸酉地震

震動也地不震者也震故謹而日之也

地震與山崩皆記異也地震在國中故史得詳其

日山崩在他國史不能詳故或日或不日傳見地震皆書日故以為例梁山崩不日豈不謹之乎按程端學辨疑載葉氏曰記異也陽伏而不能出陰通而不能散於是有地震地震與山崩皆記異也

十有一年

冬十月甲午叔孫得臣敗狄于鹹

不言帥師而言敗何也直敗一人之辭也一人而曰敗何也以衆焉言之也傳曰長狄也弟兄三人佚宕中國瓦石不能害叔孫得臣最善射者也射其目身

横九畝斷其首而載之眉見於軾然則何為不言獲也曰古者不重創不禽二毛故不言獲為内諱也其之齊者王子成父殺之則未知其之晉者也

非也説已見左氏

十有二年春

杞伯來朝

二月庚子子叔姬卒

其曰子叔姬貴也公之母姊妹也其一傳曰許嫁以

日山崩在他國史不能詳故或日或不日傳見地震皆書日故以為例梁山崩不日豈不謹之乎按程端學辨疑載葉氏曰記異也陽伏而不能出陰通而不能散於是有地震地震與山崩皆記異也

十有一年

冬十月甲午叔孫得臣敗狄于鹹

不言帥師而言敗何也直敗一人之辭也一人而曰敗何也以衆焉言之也傳曰長狄也弟兄三人佚宕中國瓦石不能害叔孫得臣最善射者也射其目身

二十八日飲福候
光
董國華拜

春秋穀梁傳讞　卷四　二十五

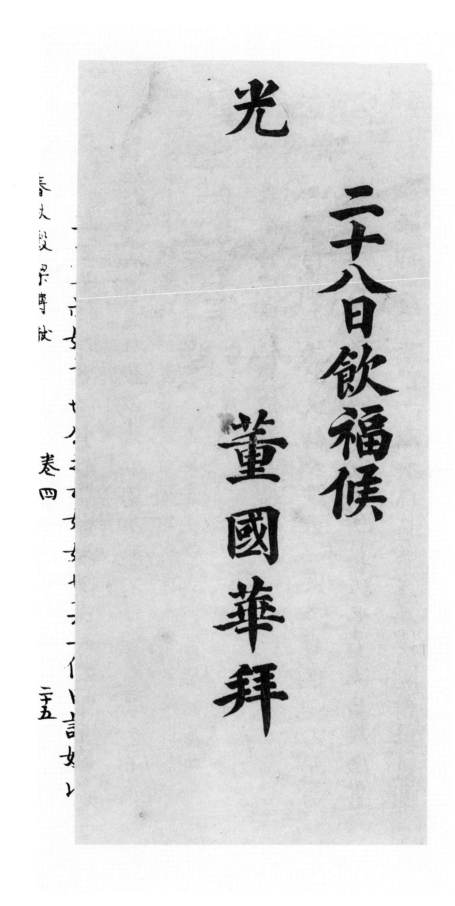

日山崩在他國史不能詳故或日或不日傳見地震皆書日故以為例梁山崩不日豈不謹之乎按程端學辨疑載葉氏曰記異也陽伏而不能出陰通而不能散於是有地震地震與山崩皆記異也

十有一年

冬十月甲午叔孫得臣敗狄于鹹

不言師師而言敗何也直敗一人之辭也一人而曰敗何也以衆焉言之也傳曰長狄也弟兄三人佚宕中國瓦石不能害叔孫得臣最善射者也射其目身

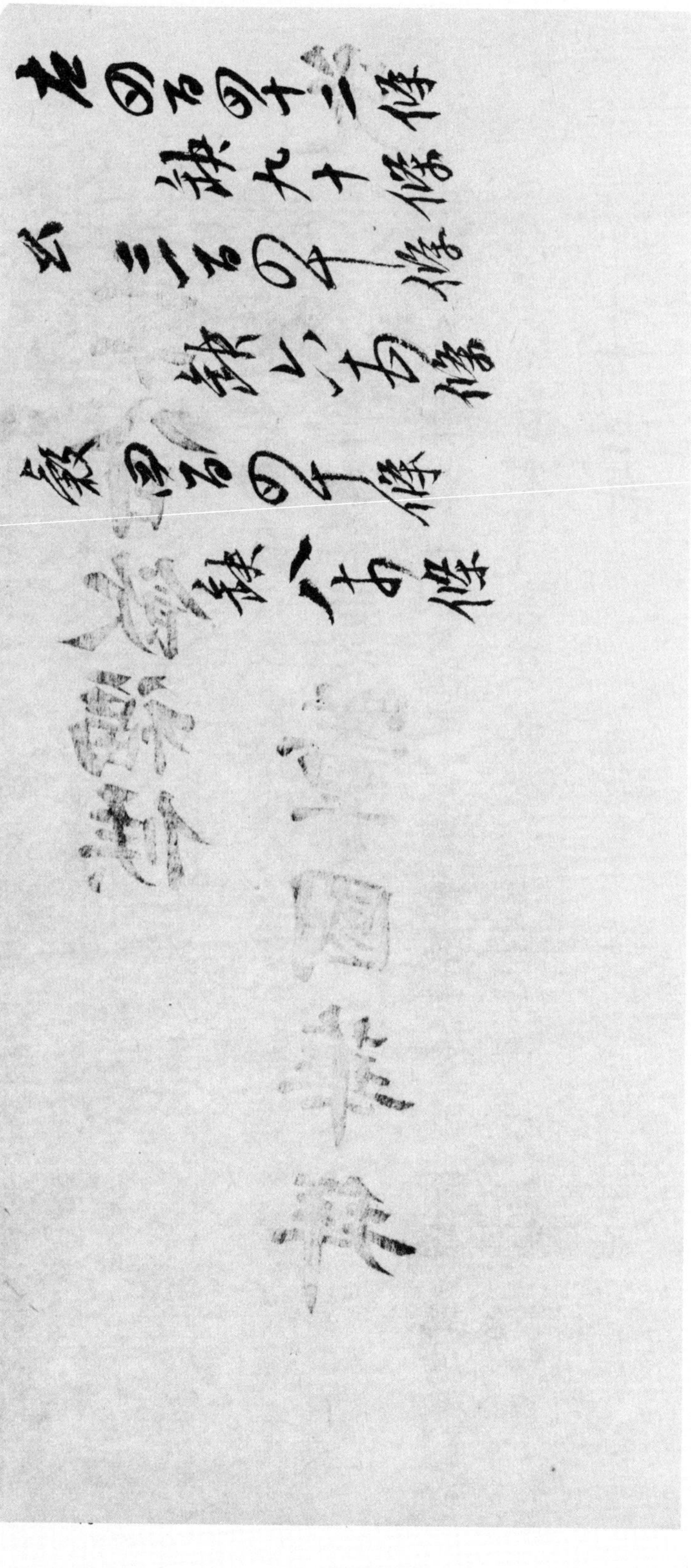

其曰子叔姬貴也公之母姊妹也其一傳曰詩媵以

卒之也男子二十而冠冠而列丈夫三十而娶女子十五而許嫁二十而嫁

子者今公之女也説已見公羊

冬十有二月戊午晉人秦人戰于河曲

不言及秦晉之戰已亟故畧之也

非也所以畧之者已見於不書敗績矣蓋兩欲之自不得言及也

十有三年

大室屋壞

大室屋壞者有壞道也譏不脩也大室猶世室也周公曰大廟伯禽曰大室羣公曰宮禮宗廟之事君親割夫人親舂敬之至也為社稷之主而先君之廟壞極稱之志不敬也

非也說已見公羊大室壞公羊以為魯公廟曰世室者案明堂位言魯公之廟文世室也武公之廟武世室也蓋周存文武二祧不毀魯以得賜天子

禮故亦欲存伯禽武公廟世不毀遂稱世室此魯之僭禮而明堂位悞載之今經曰大室則非世室也太者始祖之稱也太室當為太廟之室謂其在中而藏主者洛誥王在新邑烝祭入太室祼此其証也杜預獨無之穀梁言大室猶世室遂以伯禽為大室益（蓋）可見其附會矣案此從程端學辨疑本録入查公羊有葉謝事

同而文不同

十有四年

晋人納提菑于邾弗克納

是卻克也其曰人何也微之也何為微之也長轂五百乘緜地千里過宋鄭滕薛敻入千乘之國欲變人之主至城下然後知何知之晚也弗克納未伐而曰弗克何也弗克其義也提菑晋出也貜且齊出也貜且正也提菑不正也

晋以霸主納君而提菑為晋出若晋女嫁為邾夫人則提菑為正固自可知矣若為媵則其為不正

收

亦可見今傳謂貜且正也捷菑不正也則是晉女非夫人而捷菑非嫡子矣晉豈有前不知而至城下然後知之者乎此蓋不知郤克書人之義但見後書貜且卒蒙日食上文見日彊以其例推之以為正爾可以見穀梁迷妄有如此之甚者據公羊載邾人之辭曰子以其指則捷菑也四貜且也六貴則皆貴矣雖然貜且也長則是貜且捷菑皆晉齊媵女所生非正晉欲以大國奪之而邾以貜且

長為辭故郤克以為義不可納而還經以人書郤克者公羊所謂不與專廢置君者是也此禮傳蓋全不知本末故其義皆失左氏知之而不詳惟公羊盡得之所以與經合乃知言經者不可以不先究事之實也

宋子哀來奔

其曰子哀失之也

傳故知名不如字矣豈不知子哀為字乎

齊人執子叔姬

叔姬同罪也

非也說已見公羊

十有五年春

三月宋司馬華孫來盟

司馬官也其以官稱無君之辭也來盟者何前定也

不言及者以國與之也

非也說已見前盖之以氏而不名者正其非君命

而擅盟也故不言使著其黨襄夫人而殺諸大夫也故不言名是欲爲楚屈完而不得故以附於齊仲孫云

十有二月齊人來歸子叔姬

其曰子叔姬貴之也其言來歸何也父母之於子雖有罪猶欲其免也

非也説已見前

十有六年春季孫行父會齊侯于陽穀齊侯弗及盟

弗及者内辭也行父失命矣齊得内辭也

據左氏公有疾使行父會盟齊侯不肯曰請俟君

間文自應云弗及盟傳蓋見言公弗遇故以弗為

内辭云

夏五月公四不視朔

天子告朔于諸侯諸侯受乎禰廟禮也公四不視朔

公不臣也以公為厭政以甚矣

周官太史班告朔于邦國禮諸侯皮弁聽朔于大

祖廟云受于禰廟非也

毁泉臺

喪不貳事貳事緩喪也以文為多失道矣自古為之

今毁之不如勿處而已矣

毁一臺足以妨喪事此盖見夫人以明年四月喪緩附會之爾既曰緩喪不得更以勿毁為義此亦竊取公羊之說而附之者也

十有八年

秋公子遂叔孫得臣如齊

使舉上客而不稱介不正其同倫而相介故列而數之也

此為請立宣公故以二卿並使以大其事猶陽虎以季孫斯仲孫何忌如晉非相介也

春秋穀梁傳讞卷四

春秋穀梁傳讞

宋　葉夢得　撰

卷五

宣公

元年春

三月遂以夫人婦姜至自齊

其不言氏喪未畢故畧之也其曰婦緣姑言之之辭也遂之挈由上致之也

遂不氏一事而再見爾遂與致雖一事而不致不得以為逆豈可但蒙上文云以夫人婦姜至自齊乎

宋公陳侯衛侯曹伯會晉師于棐林伐鄭

列數諸侯而會晉趙盾大趙盾之事也其曰師何也以其大之也于棐林地而後伐鄭疑辭也此其地何則著其美也

桓書公會宋公衛侯陳侯于袲伐鄭傳以為地而

後伐疑辭也非其疑也固以失矣此亦以棐林地
而後伐為疑辭何為反著其美哉且君不會大夫
傳例與左氏公羊同今諸侯皆會晉侯不行而趙
盾儼然當君之任所以遷會於上沒趙盾而以師
言之地棐林亦以見會而後伐者也二事正同而
一以為其疑一以著其美則凡經之辭亦莫適為
正矣

晉人宋人伐鄭

伐鄭所以救宋也

楚與鄭侵宋在秋棐林之役宋侵已解矣今冬而

伐鄭不得猶言救宋據左氏此晉自報北林解揚

之囚也

二年春王二月壬子宋華元帥師及鄭公子歸生帥師

戰于大棘宋師敗績獲宋華元

獲者不與之辭也言盡其衆以救其將也以三軍敵

華元華元雖獲不病矣

非也説已見獲晉侯（案此條傳十五年傳下缺）

四年春

公伐莒取向

伐猶可取向甚矣莒人辭不受治也伐莒義兵也取向非也乘義而為利也

前言不肯則必有義不足以服莒人而不從者矣又從而伐之以取其邑何義兵之别乎禹征有苗而逆命帝乃誕敷文德舞干羽于兩階而有苗格

未聞以復伐之為義也

五年

秋九月齊高固來逆子叔姬

諸侯之嫁子於大夫主大夫以與之來者接內也不正其接內故不與夫婦之稱也

非也說已見莒慶來迎叔姬

六年春晉趙盾衛孫免侵陳

此帥帥也其不言帥師何也不正其敗前事故不與

帥師也

公羊之例四將尊師衆稱某帥師將尊師少稱將將卑師衆稱師將卑師少稱人今盾免不言帥師所謂將尊師少也傳於隱五年衛師入郕獨記將卑師衆而不及其三則穀梁之所知者絕絕一例爾故此復妄為不正其敗前事之説然則晉郤克衛孫良夫伐廧咎如公孫歸父會齊人伐莒之類亦不正其敗前事乎

八年

夏六月公子遂如齊至黃乃復、

乃者亡乎人之辭也復者事畢也不專公命也

如而復以公羊例推之不言有疾者皆無實而復

也其罪大矣正使有疾大夫出疆雖死以尸將事

亦可以擅還乎今事實未畢而經以不專公命加

之以事畢之辭此與前言公孫敖未復者同皆為

說之弊也

辛巳有事于大廟仲遂卒于垂

為若反命而後卒也此公子也其曰仲何也疏之也何為疏之也是不卒者也不疏則無用見其不卒也則其卒之何也以譏乎宣也其譏乎宣何也聞大夫之喪則去樂卒事

此但書卒以起後猶繹爾實非反命使若反命此亦與言公孫敖之失同遂不氏公子而舉族說已見左氏季友卒審以為貶其弒而疏之何不與公

子輩同去氏而反字之乎於傳例名不如字字可
言進不可言疏也去樂卒事亦非是說已見公羊

冬十月己丑葬我小君頃熊雨不克葬

葬既有日不為雨止禮也雨不克葬喪不以制也
禮庶人縣封不為雨止此庶人之制也士大夫則
異矣傳蓋讀禮不詳古者朝會雨霑服失容尚廢
豈葬送死之大而反為之徐遲以士喪禮潦車載
蓑笠為證此喪在塗之備非專施於葬之日者也

九年

辛酉晉侯黑臀卒于扈

其地於外也其日未踰竟也

非也說已見公羊

十年

齊崔氏出奔衛

氏者舉族而出之之辭也

經所譏者以大夫而奔爾舉族不舉族何與於褒

貶此蓋不知世卿之義公羊之言是也

秋天王使王季子來聘

其曰王季王子也其曰子尊之也聘問也

王季子猶言王少子也今析王季為王子以子為尊之審直曰王子某如王子虎者豈不為尊之哉意王子亦如諸侯之公子有得氏者有未得氏者而義不可但舉名與王猛嫌故直言季子以見其幼而將事爾

十有一年

秋晉侯會狄于欑函

不言及外狄也

非也言晉侯狄會于欑函則不辭爾

納公孫寧儀行父于陳

納者內弗受也輔人之不能民而討猶可入人之國

制人之上下使不得其君臣之道不可

其失與公羊同說已見公羊

十有五年

夏五月宋人及楚人平

平者成也善其量力而反義也人者衆辭也平稱衆

上下欲之也外平不道以吾人之存焉道之也

人者謂司馬子反華元也貶而人之以其專平爾

以人為衆自穀梁之義

六月癸卯晉師滅赤狄潞氏以潞子嬰兒歸

滅國有三術中國謹日卑國月夷狄不日其日潞子

嬰兒賢也

傳為此三例既以中國別夷狄矣中又設卑國例夫滅國未有善者也以夷狄畧之別為例猶可矣卑國范甯謂附庸誤也傳前固言微國不日謂小國爾若然滅國之罪固有大小輕重乎按襄六年傳中國日卑國月夷狄時今變時為不日乃與言微國不日同則兩傳自異以經考之齊侯滅萊之類月以為小國可也然戊寅楚子滅蕭蕭亦小國

也何以反日楚屈建滅舒鳩時以為夷狄可也然六月楚人滅舒蓼舒蓼亦夷狄也何以反月其說皆不可通原傳意本謂夷狄例時如襄六年傳而於此忽見言癸卯故變而為不日則傳固自不為定論謂潞子賢據左氏晉數狄五罪而伐之安得為賢是又強以日而意之者也

十有六年

夏成周宣榭火 災

周災不志也其曰宣榭何也以樂器之所藏目之也

非也說已見公羊

十有八年

歸父還自晉至檉遂奔齊

還者事未畢也自晉事畢也與人之子守其父之殯捐殯而奔其父之使者是以奔父也「至檉遂奔齊」遂

五字傳文本無乃複衍經文

繼事也

案歸父如晉在公薨之前不得云與人子守父之

殯而奔其使此但與歸父之辭不專以責成公也

成公

元年春

無冰

終時無冰則志此未終時而言無冰何也終無冰矣加之寒之辭也

經書無冰有在正月有在二月有在春者正月夏十一月也二月夏之十二月也前乎正月夏之十

月冰始凝未知其無冰也故不書冬十二月後乎二月夏之正月凍已解矣自當無冰也故不書春三月惟正月二月冰堅壯之時而無則可異爾言春者包正月二月不嫌于不數三月也傳但見襄二十八年書春無冰故以終時起問然則正月無冰豈終時乎且其於桓正月但言時燠而已安知此為加之寒之辭等未終時一為燠一為寒不知何以為別也

三月作丘甲

作為也丘為甲也丘甲國之事也丘作甲非正也兵作甲之為非正何也古者立國家百官具農工皆有職以事上古者有四民有士民有商民有農民有工民夫甲非人人之所能為也丘作甲非正也

丘為甲則不得言作丘甲說已見公羊

秋王師敗績于茅（貿）戎

不言戰莫之敢敵也為尊者諱敵不諱敗為親者諱

敗不諱敵尊尊親親之義也然則孰敗之晉也

以晉為戎其失與公羊同

二年

六月癸酉季孫行父臧孫許叔孫僑如公孫嬰齊帥師會晉郤克衛孫良夫曹公子手及齊師〔侯〕戰于鞌齊師敗績

其日或曰日其戰也或曰日其悉也曹無大夫其曰公子何也以吾之四大夫在焉舉其貴者也

經書戰未有不日者莊十年公敗齊師于長勺傳為疑戰不日則偏戰皆日矣復何疑而起二説乎言曹無大夫以吾四大夫在焉者其失與公羊同説已見公羊

秋七月齊侯使國佐如師己酉及國佐盟于爰婁、

鞌去國五百里爰婁去國五十里一戰緜地五百里焚雍門之茨侵車東至海君子聞之曰夫甚甚之辭焉齊有以取之也齊之有以取之何也敗衛師于新

築侵我北鄙敖郤獻子齊有以取之也爰婁在師之
外郤克曰反魯衛之侵地以紀侯之甗來以蕭同姪
子之母為質使耕者皆東其畝然後與子盟國佐曰
反魯衛之侵地以紀侯之甗來則諸以蕭同姪子之
母為質則是齊侯之母也齊侯之母猶晉君之母也
晉君之母猶齊侯之母也使耕者盡東其畝則是終
土齊也不可請一戰一戰不克請再再不克請三三
不克請四四不克請五五不克舉國而授於是而與

之盟

此義在國佐盟不係齊與屈完盟于召陵同意不在戰也何以見其為甚甚之辭

十有一月公會楚公子嬰齊于蜀

楚無大夫其曰公子何也嬰齊亢也

嬰齊稱氏楚始以三命大夫來爾前公與齊高傒晉處父盟皆沒公傳以為亢今嬰齊何以反不沒公羊楚子使荻來聘傳曰楚無大夫以其來襃之

也若荻以自人得名爲[illegible]々嬰齊以自名得氏爲亢
　其進退亦不類矣
丙申公及楚人秦人宋人陳人衛人鄭人齊人曹人邾
人薛人繒人盟于蜀
　楚其稱人何也於是而後公得其所也會與盟同月
則地會不地盟不同月則地會地盟此其地會地盟
何也以公得其所申其事也今之屈向之驕也
　同月而地會不地盟者會與盟同地也如雞澤之

盟書及陳袁僑盟是也不同月而地會地盟者會與盟不同地也如孟之會書十有二月公會諸侯盟于薄是也此既有同有不同則其辭不得不異若首止葵邱雖同地而再見地者盖善其不敢盟王世子及宰周公此自春秋之義不可以為常法固未有同月異地而不書者今會與盟雖同月會言公而止見嬰齊則是以公為主而嬰齊會之盟言公會而下連十一國則是外為志而公往會二

事自不同豈得蒙上地而不別書乎此何與乎公之屈伸傳但是見楚以下皆貶稱人而不沒公故以為申公不知十一國之衆從夷狄而盟于我境所以人之者豈在公哉可以言公失其所未可言公申也

三年

冬十有一月

丙午及荀庚盟丁未及孫良夫盟

其曰公也來聘而求盟不言及者以國與之也不言

其人亦以國與之也不言求兩欲之也

荀庚孫良夫不再舉國固已知其專盟矣不言及

之者傳於齊高傒晉處父則知其為亢而没公矣

何於此而不能了乎其曰不言求亦非是經固未

有言求盟者

五年

梁山崩

不日何也高者有崩道也有崩道則何以書也曰梁山崩壅遏河三日不流晉君召伯尊而問焉伯尊來遇輦者輦者不辟使車右下而鞭之輦者曰所以鞭我者其取道遠矣伯尊下車而問焉曰子有聞乎對曰梁山崩壅遏河三日不流伯尊曰君為此召我也為之奈何輦者曰天有山天崩之天有河天壅之雖召伯尊如之何伯尊由忠問焉輦者曰君親素縞帥羣臣而哭之既而祠焉斯流矣伯尊至君問之曰梁

山崩壅遏河三日不流為之柰何伯尊曰君親素縞帥羣臣而哭之既而祠焉斯流矣孔子聞之曰伯尊其無績乎攘善也

推傳意似謂梁山有崩道不當書以伯尊攘善故書經所記者異爾豈以人言為筆削哉此盖拘沙鹿崩日之義故强為此說尤見日月為例之弊也

七年春王正月鼷鼠食郊牛角改卜牛鼷鼠又食其角乃免牛

不言日急辭也過有司也郊牛日展斛角而知傷展道盡矣其所以備災之道不盡也改卜牛鼷鼠又食其角」又有繼之辭也其緩辭也曰亡乎人矣非人之所能也所以免有司之過也」乃免牛乃者亡乎人之辭也免牲者為之緇衣纁裳有司玄端奉送至于南郊免牛亦然免牲不曰不郊免牛亦然

郊牛之口傷與鼷鼠食郊牛角皆莫知其傷與食之日也則固不可以日言審以為急正當書日何

反不日也傳意以爲牛口傷此自傷者不可以過有司𪅏鼠食角有司備之不僅故云爾若是則牛口傷當日食角當不日何爲牛口傷亦不日哉日其緩辭前食角文固不可言食其郊牛角後固不可言又食角則其者文之所當施也經本記事天之重非爲有司記過也其免不免何足道哉

冬大雩

雩不月而時非之也冬無爲雩也

非也說已見定元年九月大雩

八年春晉侯使韓穿來言汶陽之田歸之于齊

于齊緩辭也不使盡我也

于於傳例言遠則可非言緩也晉侯執曹伯歸于
京師之類豈不使盡我於京師之辭哉

秋七月天子使召伯來錫公命

禮有受命無來錫命錫命非正也曰天子何也曰見
一稱也

無錫命非也説已見左氏見一穪其義雖與公羊異而其失與公羊同

衛人來媵

媵淺事也不志此其志何也以伯姬之不得其所故盡其事也

非也説已見公羊

九年

夏季孫行父如宋致女

致者不致者也婦人在家制於父既嫁制於夫如宋致女是以我盡之也不正故不與内稱也逆者微故致女詳其事賢伯姬也

禮舅姑没則女嫁三月廟見稱來婦故父母家使人致女成之為婦前納幣言使則知宋公之無母也傳蓋未知禮矣不與内稱猶言不與夫婦之稱謂不言某姬也范甯為不言使者誤矣内固無去志言使者女既嫁不可以字氏稱謂之婦則非父

母之辭仍其在國之稱曰女非不與其內稱也逆
者微亦非是說已見前

晉人來媵

媵淺事也不志此其志何也以伯姬之不得其所故
盡其事也

非也說已見前

秋七月丙子齊侯無野卒

晉人執鄭伯晉欒書帥師伐鄭

泓

不言戰以鄭伯也為尊者諱恥為賢者諱過為親者諱疾

欒書執鄭伯以伐鄭於三傳皆無見凡經書伐非有所見則皆不言戰傳何以知此為執鄭伯而與鄭戰乎公羊為三諱之論已不可據然為親者以魯人如公子友之類猶可今又推晉及鄭同姓為親然則衛侯燬滅邢蓋有甚於伐者何為而不諱乎

楚公子嬰齊帥師伐莒庚申莒潰

其曰莒雖夷狄猶中國也大夫潰莒而之楚是以知其上為事也惡之故謹而日之也

經書潰皆不日惟此日故傳以為說然大夫之楚事三傳皆無見穀梁例潰者上下不相得也審有之大夫自當言叛不得言潰此蓋强以其日而為之辭且傳固謂莒無大夫矣今何以忽有大夫乎

城中城

城中城者非外民也

中城者内城也外城不壞内城可不修乎非棄外城之民而弗恤也周之十一月夏之九月土功未可興而興為是書爾傳盖亦誤以夏正言之也是時楚方伐莒莒潰楚人入鄆我無素備畏偪而恃城以為守故雖時猶書非謂時也

十有三年春

三月公如京師

公如京師不月月非如也非如而曰如不叛京師也

公如京師纔此一見爾傳蓋泛以諸侯朝例時推之故以此月起問諸侯朝未必皆時吾嘗言之矣據理而言天子朝有時則例時諸侯朝無時則例月猶可爾今天子例月而諸侯之朝多例時可見經之義不在于是何尚以為疑哉所謂不叛京師者以其非如為叛也實叛而為之設不叛之辭非特變易事亦非春秋所以懲惡也

曹伯廬卒于師
傳曰閔之也公大夫在師曰師在會曰會
卒在師言師在會言會此在境外以師為地爾
十有四年
九月僑如以夫人婦姜氏至自齊
大夫不以夫人以夫人非正也刺不親迎也僑如之
挈由上致之也
此以不可用不以之例說已見前僑如之挈由上

致其失與言公子遂挐者同

十有五年春

三月乙巳仲嬰齊卒

此公孫也其曰仲何也子由父疏之也

仲嬰齊後歸父公羊之說是也歸父氏公孫則嬰齊自當以王父字氏仲若為由仲遂疏之則歸父何以得氏公孫乎

癸丑公會晉侯衛侯鄭伯曹伯宋世子成齊國佐邾人

同盟于戚晉侯執曹伯歸于京師

以晉侯而斥執曹伯惡晉侯也不言之急辭也斷在晉侯也

執諸侯傳本不爲例然辛（案）大夫例言稱人以執者執有罪也今以言晉侯爲惡則以曹伯爲無罪其例與大夫同矣據左氏此曹負芻殺太子而篡其位者謂之無罪可乎若曰斷在晉侯故不言之以爲急辭則負芻之罪非有疑而當聽於天子者固

不在晉侯之專斷也此盖不知侯執之義故併與言歸于者失之公羊之説是矣

秋八月庚辰葬宋共公

月卒日葬非葬者也此其言葬何也以其葬共姬不可不葬共公也葬共姬則其不可不葬共公何也夫人之義不踰君也為賢者崇也

宋共公以左氏考之未有失德者用華元合晉楚之好國以小息雖謂之賢可也傳拘失德不葬之

例故以日葬爲危之以共姬而得葬此爲例之弊而反誣人之善惡者也且外夫人本不書葬伯姬得葬而稱謚以爲賢伯姬可矣豈有因是復崇共公使縱其失德之罪哉夫人之義不踰君吾固言之矣葬紀伯姬不見葬紀侯紀侯固賢者伯姬尚可踰宋公若以爲失德共姬反不敢踰何也

十有六年

曹伯歸自京師

不言所歸歸之善者也出入不名以為不失其國也

歸為善自某歸次之

此亦不知歸例而妄言之也說已見前不言所歸嫌與諸侯有奉者同辭不可言自京師歸于曹爾且曹伯在王法所當誅者王不能正而歸之尚安得為善乎出入不名公子喜時不當為君曹内無君也自某歸傳例但見其有奉非非善惡之說若衛侯鄭自楚歸于衛楚公子比自晉歸于楚之類

是安得為善可以蔡季一人為例而槩推之哉

九月晉人執季孫行父舍之于苕丘

執者不舍而舍公所也執者致而不致公在也何其執而辭也猶存公也存意公亦存也公存也

此亦傳不知其事而誤讀舍為舍館之舍其失與公羊同吾說已見公羊按沙隨之會經但書不見公公未嘗執安得言舍公傳非特不知其事亦并不曉經文矣所謂存公者其妄可知執而不知與

公同致爾

乙酉刺公子偃

大夫日卒正也先刺後名殺無罪也

非也說已見前

十有七年

秋公至自會

不曰至自伐鄭也公不周乎伐鄭也何以知公之不

周乎伐鄭以其以會致也何以知其盟復伐鄭也以

其會後之人盡盟者也不周乎伐鄭則何爲日也言
公之不背柯陵之盟也
不周乎伐鄭於三傳皆無見六國同伐而天子以
二使臨之其信不信不獨在公也穀梁以會致加
之則凡傳言經所褒貶者皆未嘗見其實但以其
例自推之耳
九月辛丑用郊
夏之始可以承春以秋之末承春之始蓋不可矣

自正月至于三月郊之時也三卜禮也四卜非禮
也傳蓋言之矣則夏之始何可以承春哉范甯强
以猶可爲辭夫郊禮之大也有可不可無猶可也
四月可郊則九月亦可郊矣

十有一月
壬申公孫嬰齊卒于貍蜃
十一月無壬申壬申乃十月也致公而後録臣子之
義也其地未踰竟也

非也說已見公羊

十有八年

築鹿囿

築不志此其志何也山林藪澤之利所以與民共也虞之非正也

囿無有不包山林藪澤者既以為非正則凡囿皆當書矣何以言築不志乎若以為築惟志囿則築邑築臺築館又何以志也按天子諸侯皆有囿此

特譏其有囿而更築且以八月役民也築辭

襄公

二年

晉師宋師衛甯殖侵鄭

其曰衛甯殖如是而稱于前事也

甯殖獨舉名氏此亦將尊師少也以為稱于前事

其妄與前趙盾不正其敗前事同其事三傳皆無

見范甯謂衛侯卒鄭人侵之故今鄭伯卒甯殖復

侵之伐喪非善事也春秋豈以是與人之報怨哉

冬仲孫蔑會晉荀罃齊崔杼宋華元衛孫林父曹人邾人滕人薛人小邾人于戚遂城虎牢

若言中國焉内鄭也

中國若謂言若魯之國中也此諸侯伐鄭而未服故共取虎牢城以逼之虎牢已取地從主人固不可復繫之鄭非魯一國之辭何内鄭之云

三年

六月公會單子晉侯宋公衛侯鄭伯莒子邾子齊世子
光已未同盟于雞澤
同者有同也同外楚也
非也說已見前
陳侯使袁僑如會
如會外乎會也於會受命也
此諸侯共會本不約陳陳自使袁僑如來求會故
當書如非陳在會而特外之蓋傳猶用前會吳又

會之説也

戊寅孫叔豹及諸侯之大夫及陳袁僑盟

及以及與之也諸侯以為可與則與之不可與則釋之諸侯盟又大夫相與私盟是大夫張也故雞澤之會諸侯始失正矣大夫執國權曰袁僑異之也

此諸侯已會而袁僑後至陳始背楚諸侯不盟而袁僑當盟故以叔孫豹與諸侯之大夫共盟袁僑叔孫豹名諸侯之大夫不名不可曰叔孫豹諸侯

之大夫自當再書及異袁僑而與之者哉大夫盖受命於諸侯非私盟也若私盟則當如溴梁書大夫盟而不序矣諸侯之失正已久豈在雞澤穀梁何知之晚乎

六年

莒人滅繒

非滅也中國日卑國月夷狄時繒中國也而時非滅也家有既亡國有既滅滅而不自知由別之而不別

也莒人滅繒非滅也立異姓以涖祭祀滅亡之道也

非也說已見前滅繒事亦非是說見公羊

七年

十有二月公會晉侯宋公陳侯衛侯曹伯莒子邾子于鄬鄭伯髡頑如會未見諸侯丙戌卒于鄵

未見諸侯其曰如會何也致其志也禮諸侯不生名此其生名何也卒之名也卒之名則何為加之如會之上見以如會卒也其見以如會卒何也鄭伯將會

中國其臣欲從楚不勝其臣弒而死其不言弒何也
不使夷狄之民加乎中國之君也其地於外也其日
未踰竟也日卒時葬正也
非也說已見公羊
陳侯逃歸
以其去諸侯故逃之也
非也竊去爾
八年

季孫宿會晉侯鄭伯齊人宋人衛人邾人于邢丘

見魯之失正也公在而大夫會也

據左氏晉悼公初霸去年已為鄬之會故今年諸侯來朝正不欲重煩諸侯而使其大夫聽朝聘之數公實不與也鄭伯獻蔡捷適至于會故見鄭伯以為魯失正者誤矣按後相繼書公至自晉則是已朝而歸留季孫宿在會爾不然悼公方修霸業公非有得罪於晉者何為却其君而會其臣經亦

當有異文以見也

九年春宋災

九年二字應另行列前

外災不志此其志何也故宋也

非也說已見前

冬公會晉侯宋公衛侯曹伯莒子邾子滕子薛伯小邾子齊世子光伐鄭十有二月己亥同盟于戲

石經薛伯下有杞伯阮刻補校勘記

識文稱十二國則併杞在內

不異言鄭善得鄭也不致恥不能據鄭也

不異言鄭一事再見者前目而後凡也此十二國

會不能據鄭何獨魯之恥而不致公蓋古者喪三年不祭唯祭天地社稷為越紼而行事宗廟不與也時公在穆姜之喪其不以告廟或以是爾

十年

公至自會

會夷狄不致惡事不致此其致何也存中國也中國有善事則并焉無善事則異之存之也汲鄭伯逃歸陳侯致柤之會存中國也

公會晉侯及吳子于黄池此亦會夷狄而書公至自會公自京師遂會諸侯伐秦傳謂之叛京師此乃惡事而書公至自伐秦則會夷狄與惡事未嘗不致也中國有善事則并如侵蔡蔡潰遂伐楚此同時自不得不并如會柤五月甲午遂滅偪陽此各日自不得不異豈經固為異文哉鄭伯非弑何以謂之弑陳侯實逃安得不言逃所謂汲鄭伯逃歸陳侯致柤之會三者皆非經意不足以為義

冬盜殺鄭公子騑公子發公孫輒

稱盜以殺大夫弗以上下道惡上也

凡所謂殺其大夫者皆君殺之文時大夫罪有輕重故或以國殺或以人殺以別之若傳所謂殺大夫弗以上下道為惡上者則是當言鄭或鄭人殺其大夫以鄭為上以大夫為下惡鄭伯之無政故弗以上下稱之則盜乃君殺之名是可以為訓哉

戍鄭虎牢

其曰鄭虎牢決鄭乎虎牢也

虎牢前鄭未服諸侯取而城之故不繫鄭今鄭服諸侯還以與之為之戍以備楚故復繫鄭此文所當然所謂決鄭乎虎牢者范甯以為絕而棄外則前年圍宋彭城者亦絕宋而棄外之乎

十有一年春王正月作三軍

作為也古者天子六師諸侯一軍作三軍非正也

非也說已見公羊

秋七月己未同盟于京城北公至自伐鄭

不以後致盟後復伐鄭也

前出而伐鄭者未知鄭服而盟也告伐鄭而已今雖盟而非其出告之事故復以伐鄭致此理之常也後復伐鄭者其叛由與楚伐宋在公歸之後今何害於致盟哉案程氏春秋辨疑云後復伐鄭者盟後鄭猶與楚伐宋與此小異

公會晉侯宋公衛侯曹伯齊世子光莒子邾子滕子薛伯杞伯小邾子伐鄭會于蕭魚公至自會

伐而後會不以伐鄭致得鄭伯之辭也
據左氏諸侯之師觀兵于鄭東門鄭人行成遂會于蕭魚盖伐本謀服鄭鄭既服故不復伐而從會所以致會非先伐後會得鄭伯而不致伐也案程本所

以致會句下按穀梁謂得鄭伯而不致伐非也與此小異録之

十有二年春王三月莒人伐我東鄙圍邰
伐國不言圍邑舉重也取邑不書圍安足書也
傳意為後季孫宿救邰入鄆起問非也内伐而圍

邑未有不書者説已見公羊

春秋穀梁傳讞卷五

春秋穀梁傳讞

宋　葉夢得　撰

卷六

昭公

二年

冬公如晉至河及復

恥如晉故著有疾也

二十三年至河乃復此有疾之辭則自此而後四

如晉言復者正以别非有疾晉辭公不得見也十二年傳曰季氏不使遂乎晉穀梁固畧聞其説矣春秋豈反以掩季氏之惡乎

三年

北燕伯款出奔晉〔齊〕

其曰北燕從史文也有南燕有北燕南燕桓書燕人者是也北燕召公之國也此自其主人所稱傳盖未知有南燕故謂

此亦前之燕而以加北者爲史文也

五年

夏莒牟夷以牟婁及防茲來奔

以者不以者也來奔者不言出也及防茲以大及小也

莒無大夫其曰牟夷何也以其地來也以地來則何

以書也重地也

非也說已見前按前文未見蓋佚之

七年春王正月暨齊平

平者成也暨猶暨暨也暨者不得已也以外及内曰暨

傳既以外為志曰會今以外及内為暨而以暨暨不得已言之此亦竊取公羊之説而附之者也

八年

楚人執陳行人干徵師殺之

稱人以執大夫執有罪也稱行人怨接於上也

非也説已見前

秋蒐于紅

正也因蒐狩以習用武事禮之大者也艾蘭以為防置旃以為轅門以葛覆質以為槷流旁握御轚者不得入車軌塵馬候蹄揜禽旅御者不失其馳然後射者能中過防弗逐不從奔之道也面傷不獻不成禽不獻禽雖多天子取三十焉其餘與士衆以習射於射宮射而中田不得禽則得禽田得禽而射不中則不得禽是以知古之貴仁義而賤勇力也

蒐春事而秋興之非正也正則不書矣蓋傳誤以蒐為秋事說已見前

九年

夏四月陳火

國曰災邑曰火火不志此何以志閔陳而存之也火當作災說已見公羊火人為也災若有災之者不以國邑言也左氏之例是矣

十有一年

夏四月丁巳楚子虔誘蔡侯般殺之于申

何為名之也夷狄之君誘中國之君而殺之故謹而名之也稱時稱月稱日稱地謹之也

前衛甯喜弒剽書日傳以為明正既與前言正嫡者異矣今楚虔殺般書日傳以為謹之則又與前明正者異矣且書日必見月書月必見時此文當然而三書皆以為謹不惟其辭屢變亦不足以為義般罪固在所討特楚虔亦弒君者義不可以討

般且以詐誘之故不得與楚人殺夏徵舒同辭不然中國不能討而楚子行之所謂實與而文不與者何惡虔之深哉凡誘皆非即其國中而殺者也自當書地而戎蠻子不書者以夷狄畧之也則稱地亦非以為諱四言皆非是楚虔之罪書名而言誘固無所逃矣

冬十有一月丁酉楚師滅蔡執蔡世子友以歸用之

此子也其曰世子何也不與楚殺也一事註乎志所

以惡楚子也
不與楚殺則何為復稱世子鄭康成以為使若不
得其君然春秋蓋有成齊舍為君而正商人之罪
者矣未有反黜人之君為世子而正一人之罪者
也吾說已見鄭子忽
十有二年春齊高偃帥師納北燕伯于陽
納者内不受也燕伯之不名何也不以高偃挈燕伯
也

諸侯出奔而自歸則名他國納之則不名不以諸侯得相名也故楚子頓子不名高偃納北燕伯不名魯納齊子糾晉納邾捷菑而名者子糾捷菑皆未君也傳之不以高偃挈燕伯則是然不當與自歸而名之者一之以起問也以納為內弗受其失與前同

十有三年

秋公會劉子晉侯齊侯宋公衛侯鄭伯曹伯莒子邾子

滕子薛伯杞伯小邾子于平丘八月甲戌同盟于平丘

公不與盟

同者有同也同外楚也公不與盟者可以與而不與

譏在公也其日善是盟也

公不與盟晉侯不使公得與盟之辭傳誤讀與為

上音若公不肯與晉盟者亦非也蓋不見其事云

爾又傳乙巳及晉處父盟曰何以知其與公盟以

其日也則凡公盟皆當日矣何為此獨言善是盟

乎譏公而善諸侯亦非春秋所以為内辭者也

冬十月葬蔡靈公

變之不葬有三失德不葬弒君不葬滅國不葬然且葬之不與楚滅且成諸侯之事也

傳為三例弒君不葬滅國不葬者是矣失德不葬於經不可考若蔡景公者既失德又見殺兩皆不葬矣而書葬傳又以為不忍使父失民於子則其說亦安定乎春秋不以蔡盧陳吳為楚所歸而爵

之見其本當爲君而國未嘗滅所謂不與楚滅者是也則亦不得同滅國之例起不與楚滅及成諸侯事之説蔡廬既歸靈公得葬是乃常法所以不與楚滅者不在是也

十有四年

冬莒殺其公子意恢

言公子而不言大夫莒無大夫也莒無大夫而曰公子意恢意恢賢也曹莒皆無大夫其所以以無大夫

者其義異也

陳殺公子禦寇傳曰言公子而不言大夫公子未命於大夫也其曰公子何也公子之重視大夫是亦非命大夫也何不以公子之重視大夫言之而復以意恢為賢乎此蓋不知殺公子與殺大夫異

公子例一不月殺公子而稱國者殺無罪也稱人者殺有罪也意恢蓋以郊公之黨無罪而見殺傳蓋竊聞其說而不見其事故誤以為賢爾曹莒無大

夫義異蓋與下言曹公孫會出奔以爲貴取之而
不以叛者自別其說范甯以曹削小莒奔微國言
之非傳意也

十有五年春

二月癸酉有事于武宮籥入叔弓卒去樂卒事

君在祭樂之中聞大夫之喪則去樂卒事禮也君在
祭樂之中大夫有變以聞可乎大夫國體也古之人
重死君命無所不通

非也說已見公羊

十有七年

冬有星孛于大辰

一有一亡曰有于大辰者濫于大辰也

非也說已見前

楚人及吳戰于長岸

兩夷狄曰敗中國與夷狄亦曰敗楚人及吳戰于長岸進楚子故曰戰

非

此書戰而不言敗績蓋畧之兩夷狄之辭也楚子於此未見其善何為以戰為進楚子乎蓋穀梁謂兩夷狄曰敗以於越敗吳于檇李推之也謂中國●與夷狄亦曰敗以莒吳敗狄于大原推之也故見此不言敗遂云爾不知戰敗乃別客主之辭非別進退之辭所以夷狄之者自見於不書敗績既不書敗績則客與主之勝負無自而別中國與夷狄則畧之所以彼敗則書我敗則不書不以中國敗

于夷狄大國之類是也兩夷狄不可以相畧則各記其勝負檇李之役於越勝吳故言敗吳長岸之役吳勝楚故言及吳戰猶言內不言戰者此春秋之義也穀梁其未之知歟然則柏舉之戰亦吳楚兩夷狄也何以復書敗績此謂蔡侯以吳子戰非吳子之戰也且是役以吳子視楚子楚虐中國而吳子討之則吳為善故吳子始得以爵見此乃所以為進吳子其變文以從中國非春秋之常法也

十有九年

冬葬許悼公

日卒時葬不使止為弒父也曰子既生不免乎水火母之罪也羈貫成童不就師傅父之罪也就師學問無方心志不通身之罪也心志既通而名譽不聞友之罪也名譽既聞有司不舉有司之罪也有司舉之王者不用王者之過也許世子不知嘗藥累及許君也

時葬以為不使止為弑父或可也日卒何以見之乎春秋加買以弑所以正萬世為子之道初不兼責悼公謂之累及許君者亦妄也

二十年

夏曹公孫會自夢出奔宋

自夢者專乎夢也曹無大夫其曰公孫何也言其以貴取之而不以叛也

專乎夢則近之矣以為叛則非也　說已見公羊

秋盜殺衛侯之兄輒

盜賤也其曰兄母兄也目衛侯衛侯累也然則何為不為君也曰有天疾者不得入乎宗廟輒者何也曰兩足不能相過齊謂之綦楚謂之踂衛謂之輒

輒左氏作縶公羊穀梁作輒當從左氏縶名也春秋不以疾名人

二十有一年

冬蔡侯東出奔楚

東者東國也何為謂之東也王父誘而殺焉父執而用焉奔而又奔之曰東惡之而貶之也

東左氏公羊作朱當從二氏吾以是知公羊穀梁不見事實而妄言經意有若此者按蔡朱與東國自兩人朱平公廬之子而東國隱太子之子平公之弟也始平公奔而朱立朱失位楚費無極取貨于東國迫蔡人出朱而立東國故朱奔楚不復歸東國篡之而終有其位傳不知其實誤以朱為東

廿

國疑東與朱文相近故改為東遂妄為之説謂經貶東國而去其二名且春秋諸侯出奔而名者本以別二名也未有反去其名之半以疑後世者凡傳多言春秋增損事實以立義者不一皆無可據其害經為已甚今又并其名而損益之孰謂矯妄無所忌憚敢至是乎然則仲孫忌不言何豈亦惡之而不為説學者不能深辯每嚴于信傳而不敢議吾知其難與言經也

二十有二年

劉子單子以王猛居于皇

以者不以者也王猛嫌也

秋劉子單子以王猛入于王城

以者不以者也入者內弗受也

冬十月王子猛卒

此不卒者也其曰卒失嫌也

三說皆非也說並見公羊

二十有三年

秋七月

戊辰吳敗頓胡沈蔡陳許之師于雞甫胡子髠沈子盈滅獲陳夏齧

中國不言敗此其言敗何也中國不敗胡子髠沈子盈其滅乎其言敗釋其滅也獲陳夏齧獲者非與之辭也上下之稱也

非也說已見前及公羊

春秋集傳說

天王居于狄泉

始王也其曰天王因其居而王之也

天王者天下之王豈以居而名哉其曰始王亦非是敬王立雖未踰年而景王之崩已踰年臣子自當以踰年君之例稱天王也

尹氏立王子朝

立者不宜立者也朝之不名何也別嫌乎尹氏之朝也

朝非所當立也而欲篡者自不得以名見何嫌乎尹氏之朝傳不辨猛與朝之正不正故妄以衛人立晉為疑而起問皆蔽於以入為内弗受之辭而弗能考其實與公羊之失同也

冬公如晉至河公有疾乃復

疾不志此其志何也釋不得入乎晉也

釋不得入乎晉雖與公羊異而其失與公羊同說已見公羊

二十有五年

有鸜鵒來巢

一有一亡曰有來者來中國也鸜鵒穴者而曰巢或

曰增之也

增之何義注引雍之言是也以此見謂春秋為有

增損事實者穀梁每以為然也

二十有六年春

二月公至自齊居于鄆

公次于陽州其曰至自齊何也以齊侯之見公可以言至自齊也居于鄆者公在外也至自齊道義不外公也

言公孫于齊次于陽州齊侯唁公于野井則野井進于陽州自當為齊地不得復以陽州起問陽州亦固齊地也至自齊蓋以野井言之何疑其不得以齊至哉

夏公圍成

春秋穀梁傳讞　卷六

非國不言圍所以言圍者以大公也

以公圍成為恥則沒公可矣何用反言圍以見其大叔孫僑如圍棘叔弓帥師圍費之類亦大僑如與弓乎

秋公會齊侯莒子邾子杞伯盟于鄟陵公至自會居于鄆

公在外也至自會道義不外公也

凡公會盟未有致盟而不致會者何獨此為不外

公乎其失與至齊同

冬十月天王入于成周

周有入無出也

此子朝猶在内故以入書其難爾非傳所知王者以天下為家既無出則安得有入乎

尹氏召伯毛伯以王子朝奔楚

遠矣非也奔直奔也

度傳意似謂朝不言出奔故以楚言遠為非之而

又以直奔為解蓋不了朝為篡嬿于以出責之為家天下之義故不言出不知朝本不當立以爭國而出奔何論遠近之有若周公王子瑕言出奔則無嬿矣

三十年春王正月公在乾侯

中國不存公存公故也

乾侯晉地所謂中國者國中也此以如晉故存公安得以中國不存公為説哉凡公無故在外域則

存公在中國則不存公公如楚書在如晉不書在
二上
是也有故在國外則存公在國中則不存公公在乾侯書在在鄆不書在是也

三十有二年

冬仲孫何忌會晉韓不信齊高張宋仲幾衛大叔申鄭國參曹人莒人邾人薛人杞人小邾人城成周

天子微諸侯不享覲天子之在者惟祭與號故諸侯之大夫相師以城之此變之正也

城王邑大事固不得不書所以見周弱不能自城
待諸侯而城之也凡諸侯之役大夫以名氏見者
皆受命于其君無所貶之辭此豈大夫相率而自
城者哉十二國之大夫非其君命其誰能帥之此
蓋諸侯不自城而使大夫城之以大夫能承君命
而城王國為變之正則可以大夫非君命相率而
自城是大夫憂中國為變之正不可春秋予奪固
視義以為輕重然亦未有不責其君而與其臣者

也

定公

元年

夏六月癸亥公之喪至自乾侯戊辰公即位

殯然後即位也定無正見無以正也踰年不言即位是有故公也言即位是無故公也即位授受之道也先君無正終則後君無正始也先君有正終則後君有正始也戊辰公即位謹之也定之即位不可不察

也公即位何以日也戊辰之日然後即位也癸亥公之喪至自乾侯何為戊辰之日然後即位也正君乎國然後即位也沈子曰正棺乎兩楹之間然後即位也内之大事日即位君之大事也其不日何也以年決者不以日決也此則其日何也著之也何著焉踰年即位厲也於厲之中又有義焉未殯雖有天子之命猶不敢况臨諸臣乎周人有喪魯人有喪周人弔魯人不弔周人曰固吾臣也使人可也魯人曰吾君也

親之者也使大夫則不可也故周人弔魯人不弔以其下成康為未久也君至尊也去父母之殯而往弔猶不敢況未殯而臨諸臣乎

天子諸侯即位在踰年未踰年不在殯與未殯既殯而未踰年固不可即位矣若未殯而踰年其可不即位乎春秋葢以定公立法焉曰既殯即可即位焉何以言之昭公之喪踰年而歸喪以癸亥至而定公以戊辰即位自癸亥至戊辰歷五日諸侯

五日而殯者也曠年不可以無君則定公既不得以正月即位改元固不可更俟踰年是以既殯而後即位者亡乎禮之禮也傳但論殯與未殯有故公無故公而有言曠年不可無君定公不得不即位之義以見變之正此言昭公之事則可而非春秋立法之意也

九月大雩

雩月雩之正也秋大雩非 正也冬大雩非 正也秋大

雩雩之為非正何也毛澤未盡人力未竭未可以雩
也雩月雩之正也月之為雩之正何也其時窮人力
盡然後雩雩之正也何謂其時窮人力盡是月不雨
則無及矣是年不艾則無食矣是謂其時窮人力盡
也雩之必待其時窮人力盡何也雩者為旱求者也
求者請也古之人重請何重乎請人之所以為人者
讓也請道去讓也則是舍其所以為人也是以重之
焉請哉請乎應上公古之神人有應上公者通乎陰

陽君親帥諸大夫道之而以請焉夫請者非可詒託
而往也必親之者也是以重之
雩旱祭也經無書春夏雩者周之春夏不雨未為
災也故以時書者書秋書冬以月書者書七月八
月九月周之七月八月九月夏之五月六月七月
也以月書者各以其月雩以時書者包三月皆雩
之正乃夏之八月九月十月為周之冬若夏八月
不雨亦足以害稼惟九月十月農事已畢則不必

雩而成公一書冬雩者包九月十月而雩也此則過矣故傳以為非然遂以雩當例月不當例時於成傳言時而不月非也冬無為雩也則八月不雨亦不雩乎今又言月雩之正也秋大雩非正也且所謂毛澤未盡人力未竭者周之夏也則秋可雩矣推而言之則為七月八月九月包而言之則為秋何以為月則正矣此亦拘於日月為例是以迷而不悟也

冬十月隕霜殺菽

未可以殺而殺舉重可殺而不殺舉輕其曰菽舉重也

非也說已見隕霜不殺草案僖三十三年此文缺

二年

夏五月壬辰雉門及兩觀災

其不曰雉門災及兩觀何也災自兩觀始也不以尊者親災也先言雉門尊尊也

非也說已見公羊

冬十月新作雉門及兩觀

言新有舊也作為也有加其度也此不正其以尊者新之何也雖不正也於美猶可也

諸侯制節謹度故天子巡狩革制度衣服者為畔畔則君討若不正而録其美則制度皆可得而亂也丹桓宮楹刻桓宮桷何為不以其美而可哉

四年

五月公及諸侯盟于皐鼬

後而再會公志於後會也後志疑也前會召陵劉子在焉後盟于皐鼬而劉子不與故但以公及諸侯何以見公疑而志於後會且是時公方聽命於晉會之所志非公可專亦安得以公志而書也

劉卷卒

此不卒而卒者賢之也寰內諸侯也非列土諸侯此

何以卒也天王崩為諸侯主也

此與書尹氏卒者同尹氏雖世卿不以書卒為貶因卒以見其世卿爾劉卷使實賢亦豈以書卒為賢哉皆以其嘗接我而志也天王者景王也為諸侯主蓋景王崩劉子單子以王猛居于皇之際令劉卷主諸侯猶得録于春秋則王猛命之者正而劉卷得以常法書也而傳乃以猛為篡君之主尚可録乎

庚辰吳入楚

日入易無楚也易無楚者壞宗廟徙陳器撻平王之墓何以不言滅也欲存楚也其欲存楚柰何昭王之軍敗而逃父老送之曰寡人不肖亡先君之邑父老反矣何憂無君寡人且用此入海矣父老曰有君如此其賢也以衆不如吳以必死不如楚相與擊之一夜而三敗吳人復立何以謂之吳也狄之也何謂狄之也君居其君之寢而妻其君之妻大夫居其大夫

卅

之寢而妻其大夫之妻蓋有欲妻楚王之母者不正乘敗人之績而深為利居人之國故反其狄道也

凡言救者謂兵已在其境而往援也今蔡自以楚怨請吳安得謂之救滅者謂虜其君長而有其地今吳但入郢而昭王猶在安得謂之滅狄人伐衛稱人傳以為救齊猶許其功近而德遠吳果救蔡豈反不如狄不得稱人楚既非滅亦不得言存楚皆非所以起問也

七年

齊人執衛行人北宮結以使衛

以重辭也衛人重北宮結

非也說已見執宋公以伐宋按執宋公見僖二十有一年此文未見蓋佚之

八年春

三月公至自侵齊

公如往時致月危致也往月致時危往也往月致月

惡之也

非也説已見公羊二十三年公至自齊

從祀先公

貴復正也

凡魯宗廟之祭不以常事書而非義所在則書有大事書有事以非常書而見義則書禘書烝書嘗未有無所名而但言祀者此陽虎之為而公行之非祭之節也曰祀而已雖復正不足貴也

盜竊寶玉大弓

寶玉者封圭也大弓者武王之戎弓也周公受賜藏之魯非其所以與人而與人謂之亡非其所取而取之謂之盜

此非獨不知寶玉大弓亦不知盜者為陽虎故後言或曰陽虎以解衆也説已見公羊

十年

夏公會齊侯于夾（頰）谷公至自夾（頰）谷

汄

離會不致何為致也危之也危之則以地致何也為危之也其危柰何曰夾谷之會孔子相焉兩君就壇兩相相揖齊人鼓譟而起欲以執魯君孔子歷階而上不盡一等而視歸乎齊侯曰兩君合好夷狄之民何為來為命司馬止之齊侯逡巡而謝曰寡人之過也退而屬其二三大夫曰夫人率其君與之行古人之道二三子獨率我而入夷狄之俗何為罷會齊人使優施舞於魯君之幕下孔子曰笑君者罪當死使

司馬行法焉首足異門而出齊人來歸鄆讙龜陰之田者蓋為此也因是以見雖有文事必有武備孔子於夾〔頰〕谷之會見之矣

離會雖不致多在隱桓之世傳自别為説矣固不可為通例若定會于瓦會于夾〔頰〕谷會于黄則未嘗不致也穀梁于瓦于黄不為義而獨于是言危之蓋附會其下孔子事爾事不足據説已見左氏所謂危之則以地致者亦非是凡致皆不地惟離會

離盟則地春秋之常法也

十有二年

叔孫州仇帥師墮郈

墮猶取也

墮平其險爾非取也

十有二月公圍成

非國不言圍圍成大公也

非也說已見前

十有三年

晉趙鞅歸于晉

此叛也其以歸言之何也貴其以地反也貴其以地反則是大利也非大利也許悔過也許悔過則何以言叛也以地正國也以地正國則何以言叛其入無君命也

歸以順言非傳所知何貴反地之有宋華亥向寧華定入于宋南里以叛復自南里出奔此非據其

地也若悔過而反則不貴之乎

十有四年

天王使石尚來歸脤

脤者何也俎實也祭肉也生曰生脤熟曰膰其辭石尚士也何以知其士也天子之大夫不名石尚欲書春秋諫曰久矣周之不行禮於魯也請行脤貴復正也

天子之上士三命當以名氏見非特春秋先王之常法也石尚若欲以名見後世凡史皆可以書矣

何以行禮于魯若以孔子春秋為重則石尚安得
預知而求之乎

哀公

二年

晉趙鞅帥師納衛世子蒯聵于戚

納者內弗受也帥師而後納者有伐也何用弗受也以輒不受也以輒不受父之命受之王父也信父而辭王父則是不尊王父也其弗受以尊王父也

非也說已見公羊

四年春王二月庚戌盜弒蔡侯申

稱盜以弒君不以上下道道也內其君而外弒者不
以弒道道也春秋有三盜微殺大夫謂之盜非所取
而取之謂之盜辟中國之正道以襲利謂之盜
弒當作殺說已見公羊不以上下道道說已見前
所謂不以弒道道者言殺是也非謂不言弒其君
為外弒者也　春秋微者皆稱人惟弒君殺大夫

春秋[illegible]

以為衆辭則微者辭窮矣故謂之盜微者雖非盜至於弒君殺大夫則盜也傳強別之為三所謂辟中國正道以襲利者謂殺蔡侯申也若然則凡弒君者皆辟中國之正道以襲利矣何獨於蔡侯而以盜名之哉

五年

閏月葬齊景公

不正其閏也

非也所以正其閏也公羊之説是也

六年

齊陽生入于齊齊陳乞弑其君荼

陽生入而弑其君以陳乞主之何也不以陽生君荼也其不以陽生君荼何也陽生正荼不正不正則其曰君何也荼雖不正已受命矣入者内弗受也荼不正何用弗受以其受命可以言弗受也陽生其以國氏何也取國于荼也

傳爲此義展轉相發而適以相戾其迷皆自以入
爲内弗受以國氏爲嫌故不唯不察其實亦自不
能了經文且既曰荼雖不正以受命於父而可以
爲君是亦君也則陽生安得以已正奪父之命而
不君荼哉既曰不似陽生君荼則陽生可得入而
取國也荼安得復以受命弗受陽生哉以荼爲受
命可君則陽生不得不君荼以陽生爲正而不以
君荼則荼不得不受陽生二義不可並行此蓋不

知陽生之入爲陳乞之謀陽生不入則荼不可弑故歸弑于陳乞猶楚比不歸則靈王不至迫而死故歸弑于比不然陳乞實不弑以陽生不君荼而使乞主弑是春秋可移易弑名而虛加之人也

七年

秋公伐邾八月己酉入邾以邾子益來

以者不以者也益之名惡也春秋有臨天下之言焉有臨一國之言焉有臨一家之言焉其言來者有外

魯之辭焉
來者至自外之辭歸者反其内之辭二義不可相
易故經凡諸國大夫至魯來盟來聘來奔來戕之
類未有不言來者何獨於邾子以爲外魯季子來
歸豈以外哉魯有邾蓋有別矣固不可使邾納我
而言以邾子益歸三言之施各有所當如傳意當
謂以邾子益來爲臨一國之言誤矣

八年

歸邾子益於邾

益之名失國也

前言名邾子爲惡者是矣則不得更言失國也

十有二年

夏五月甲辰孟子卒

孟子者何也昭公夫人也其不言夫人何也諱取同姓也

諱取同姓在不言孟姬曰孟子爾不在不言夫人

也若但不言夫人而曰孟姬卒則可以諱同姓乎
孟子固昭公夫人昭公特諱其姓不言姬而言子
經若以常法書當云夫人姬氏卒故從昭公所諱
以孟子稱子蓋夫人以父母言則以字冠姓如伯
姬叔姬之類以公言則以氏繫姓如姜氏姒氏之
類既因公之辭以為孟子自不得言夫人非諱之
也

十有三年

公會晉侯及吳子于黃池、

黃池之會吳子進乎哉遂子矣吳泰伯之裔也居于（夷狄國祝髮）荊蠻（文身）欲因魯之禮因晉之權而請冠端而襲其籍于成周以尊天王吳進矣吳東方之大國也累累致小國以會諸侯以合乎中國吳能為之則不臣乎吳進矣王尊稱也子卑稱也辭尊稱而居卑稱以會乎諸侯以尊天王吳王夫差曰好冠來孔子曰大矣哉夫差未能言冠而欲冠也

吴得以子見經者三始襄二十九年以札來聘稱已而伐越復稱吴定四年以敗楚于柏舉稱已而入郢復稱吴今又以會黄池得稱其乍進乍退不常吴進而得子豈始此哉荒服在四海之外雖大稱子禮也傳乃以吴子為辭尊稱居卑稱為美意謂能降王稱而稱子若是吴可以王稱乎按外傳吴乃稱王與晉争長晉詰之而後去王以先晉與傳正相反是時晉政已衰吴能為齊伐楚復為此

會若欲與晉共援中國者故經書公會晉侯及吴子以兩伯之辭書之此吴子所以得進然夫差自是歸而亡矣亦非經之所深與不得如傳所言也

十有四年春西狩獲麟

引取之也狩地不地不狩也非狩而曰狩大獲麟故大其適也其不言來不外麟於中國也其不言有不使麟不恒於中國也

狩獲與引取之於義何擇吾説已見公羊所以大

獲麟者正在不地豈在言狩所謂不言來不言有者其說皆迂謬既曰狩獲自不得言來言有也

春秋穀梁傳讞卷六

己未二月三日校畢

春秋攷

〔宋〕葉夢得 撰

據上海圖書館藏《武英殿聚珍版書》本影印。

提要

《春秋攷》三十卷（存十六卷），宋葉夢得撰。

葉夢得生平及《春秋攷》成書背景，見《春秋三傳讞》提要。

《春秋攷》凡三十卷，今存十六卷。卷首録有四庫館臣所撰提要及葉夢得《春秋攷》原序。前三卷爲『統論』，卷四至卷十六列魯國隱公、桓公、莊公、閔公、僖公、文公、宣公、成公、襄公、昭公、定公、哀公十二公，逐條詮叙而不録經文。葉氏《春秋》三書，《春秋三傳讞》主於是正三傳之過，《春秋攷》則意在辨己説之是，以明其對三傳之訾議非爲臆説，所謂『自其《攷》推之，知吾之所擇爲不誣也』。是書於經傳考訂，雖未免有推衍過甚之處，但考辨仍稱精詳，故《四庫全書總目》評云：『所言皆論次周典，以求合於《春秋》之法。其文辨博縱横，而語有本原，率皆典核。』

據四庫館臣考證，《春秋攷》於宋寧宗開禧中與《春秋傳》《春秋讞》同刻於南劍州，元程端學作《春秋三傳辨疑》多引其説，則當時猶有傳本。自明以來，藏書家皆未著録，清初朱彝尊《經義攷》已注其佚。惟《永樂大典》尚載其文，以次檢輯，可得十之八九，經四庫館臣『排比綴緝，復勒成編』，《春秋攷》由此得以復傳。今有《四庫全書》本及《武英殿聚珍版書》本等傳世。本次影印以上海圖書館藏《武英殿聚珍版書》本爲底本，原書框高十九厘米，廣十二·五厘米。卷末有南宋真德秀《春秋攷原跋》，卷首鈐有『杭州葉氏藏書』等印。

御製題武英殿聚珍版十韻有序

校輯永樂大典內之散簡零編並蒐訪天下遺籍不下萬餘種彙爲四庫全書擇人所罕覯有裨世道人心及足資考鏡者剞劂流傳嘉惠來學第種類多則付雕非易董武英殿事金簡以活字法爲請既不濫費棗棃又不久淹歲月用力省而程功速至簡且捷考昔沈括筆談記宋慶歷中有畢昇爲活版以膠泥燒成而陸深金臺紀聞則云毗陵人初用鉛字視版印尤巧便斯皆活版之權輿顧埏泥體麤鎔鉛質輭

俱不及鋟木之工緻茲刻單字計二十五萬餘雖數百十種之書悉可取給而校讐之精今更有勝於古所云者第活字版之名不雅馴因以聚珍名之而系以詩

稽古搜四庫於今究五車開鐫思壽世積版或充閭張祜唐院集周文梁代餘同爲製活字用以印全書精越鶡冠體昨歲江南所進之書有鶡冠子即活字版第字體不工且多譌謬耳富過鄴架儲機圓省雕氏功倍謝鈔胥聯版事堪例埏泥法似疎毀銅昔悔彼康熙年間編纂古今圖書集成刻銅字爲活版排印蔵工貯之武英殿歷年既久銅字或

被竊缺少司事者懼干咎適值乾隆初年京師錢貴遂請毀銅字供鑄從之所得有限而所耗甚多已爲非計且使銅字尚存則今之印書不更事半功倍乎深爲惜之刊木此慙予既復羨梨棗還教慎魯魚成編示來學嘉惠志符初

乾隆甲午仲夏

春秋攷目録

春秋五

目錄

一

朱欽校

臣等謹案春秋攷宋葉夢得撰夢得字少蘊蘇州吳縣人登紹聖四年進士第高宗建炎時官翰林學士遷尚書左丞後出知福州兼安撫使請老致

仕宋史列文苑傳載其所著于藝文志有春秋傳二十卷春秋讞三十卷是書亦三十卷寧宗開禧中其孫鐊刻于南劍州元程端學作春秋三傳辨疑多引其說則當時猶有傳本自明以來藏書家皆不著錄故朱彝尊經義攷註曰已佚今惟永樂大典中頗見其遺文雖所存僅十之七八而條分縷晰其大略尚爲完具夢得自序有云自其讞推之知吾所正爲不妄而後可以觀吾攷自其攷推之知吾所擇爲不誣而後可以觀吾傳蓋先成讞

次成攷而後作傳以折衷之三書固相輔而行不可偏廢者也然瓛之爲書主于駁辨三傳而命名不當與王元杰瓛義其失相同惟是書大旨在申明所以攻排三傳者實本周之法度制作以爲斷初非有所臆測于其間故所言皆論次周典以求合于春秋之法其文辨博縱橫而語有本原率皆精核其謂十二公爲法天人之大數蓋偶襲舊文即何休公羊傳解詁之說其謂周制封國不過百里據王制以駁周官亦各明一義至于謂諸侯無

相朝之禮謂天子六軍有征則以二伯爲之將則立說皆典確正大卓然不刊其他摘發微義亦具有特識陳振孫書錄解題稱其辨定攷究無不精詳殆不誣也原書前有統論其後乃列十二公逐條詮敘而不錄經文今悉仍其例輯統論三卷隱公以下編次十三卷合爲十六卷用聚珍版摹印以廣其傳焉乾隆四十六年七月恭校上

總纂官內閣學士臣紀昀

光祿寺卿臣陸錫熊

纂修官翰林院編修臣程晉芳

春秋攷原序

葉子曰吾爲春秋讞是正三家之過亦略備矣古之君子不難于攻人之失而難于正己之是非蓋得失相與爲偶者也是非相與爲反者也必有得也乃可知其失必有是也乃可斥其非而世之言經者或未有得而遽言其失莫知是而遽詆其非好惡予奪惟己之私終無以相勝徒紛然多門以亂學者之聽而經愈不明嘗聞之夫子曰蓋有不知而作之者我無是也多聞擇其善者而從之多見而識之知之次也君子之學必自聞見

始聞見以多爲貴必愼乎其所擇蓋雖孔子之聖猶曰我非生而知之者好古敏以求之者也而頌其德者亦以祖述堯舜憲章文武爲首故曰我欲觀夏道杞不足徵也吾得夏時焉我欲觀商道宋不足徵也吾得坤乾焉子所謂好古敏以求之者如此則又曰述而不作信而好古竊比于我老彭至于論禮或曰吾聞諸老耼吾以是知學者求之不可不博而擇之不可不審也去古既遠聖人之道不明先王之典籍殘缺幾亡春秋立大法而遺萬世者也不知聖人之道孰與發其義不見先

王之典籍孰與定其制當孔子時夏商之禮已無可據韓宣子適魯始見周禮盡在魯他國蓋無有也至于論爵之辨孟子已不能得其詳甚有至于諸侯惡其害己而去其籍非特文獻之無傳也故吾讀周官至五等諸侯封國之數大國次國小國之軍制與夫諸侯之邦交世相朝者喟然皆知其出于僭亂者之所爲而上下數千餘載之間卒未有辨者則居今之世而求古之道玆不亦甚難而不可忽歟雖然文武之道未墜于地六經之所傳百世之所記猶在吾所謂失者非苟去之也以

其無當于義也蓋有當之者焉吾所謂非者非臆排之也以其無驗于事也蓋有驗之者焉則亦在夫擇焉而已乃復論次其求古而得之可信不疑者攷三十卷吾豈好是多言也哉經之不明也久矣而説者汩之説者之無與正也久矣而昧于古者惑之世果無知經者歟吾不得見也必將有與吾同者自其讞推之知吾之所正爲不妄也而後可以觀吾攷自其攷推之知吾之所擇爲不誣也而後可以觀吾傳是非吾之言也蓋皆聖人之道而先王之制吾亦可免于後世矣紹興八年正

月旦序

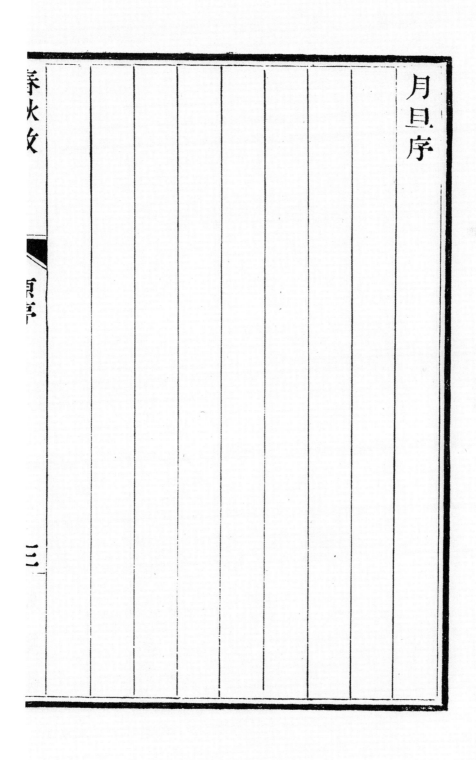

春秋攷卷一

宋　葉　夢得　撰

統論

孟子曰晉之乘楚之檮杌魯之春秋一也則春秋魯史之名也然余攷之國語晉司馬侯言羊舌肸習于春秋楚申叔時言傳太子教之春秋則雖晉楚之史蓋亦名以春秋矣春者陽之中秋者陰之中天道所以生殺萬物者春秋賞罰之法法天者也豈古之史槩以是爲名特魯能守之不易乎韓宣子聘魯稱見魯春秋而禮記

載殺奚齊與昭公去夫人姓事皆曰魯春秋此非孔子所修也魯之有是名久矣故公羊穀梁或言以春秋爲春秋或言不修春秋之類則孔子之作春秋亦史而已故其書之體皆與史同若乘與檮杌其義蓋不可盡攷殆諸侯僭亂各私其好以變舊典歟如楚之君初未有謚號皆曰敖其後猶有稱堵敖郟敖者其君之名尚爾則史可知矣

古之爲書者皆有凡有目凡者其略也目者其詳也其設官則尊者治其略卑者治其詳故周官有官府之八

職師掌官成以治凡司掌官法以治目未有一官而無副貳者也以大史小史推之大史言掌建邦之六典而小史言掌邦國之志則大史宜尊而治凡小史宜卑而治目二者更相備也故經者史所謂凡者也傳者史所謂目者也而學者多言春秋自爲一經不期于傳而自明豈有是哉且如公子翬實弑隱公而經不載翬弑趙盾非實弑君而經加之弑晉文公實召襄王而經言狩季孫意如實逐昭公而經言孫若不假之傳則其事何從而見以左氏攷之若董狐書趙盾弑其君南史書崔

杼弑其君孫林父言臣之名在諸侯之策曰孫林父甯殖逐其君以禮記攷之若言魯春秋晉里克曰殺其君之子奚齊及其君卓魯春秋去夫人之姓曰吳其死曰孟子卒而杜預又載汲冢周書魏史之文曰魯隱公及邾莊公盟于姑蔑晉獻公會虞師伐虢滅下陽周襄王會諸侯于河陽衛懿公及赤翟戰于洞澤之類此猶可略見古史之體使古史之文皆止于此則事之詳後世烏得而聞乎吾以是知春秋者古史之凡而其目則在史第未必爲今之左氏爾公羊穀梁多言一事而再見

者前目而後凡此雖知凡月之辨而未知經史之别孟子言孔子曰其事則齊桓晉文其文則史其義則丘竊取之矣夫褒貶之義在我而不廢其事與文則春秋案此下原本有闕文專記其人之身雖有所縱失無傷于春秋也而公羊穀梁每爲傳疑之說其亦不足以知經之旨矣

司馬遷言孔子厄陳蔡作春秋爲公羊者證家語孔子厄陳蔡當哀六年而謂孔子嘗言曾文有霸心起于曹衛越王勾踐有霸心起于會稽陳蔡之間丘之幸也以爲作春秋之意始于陳蔡至獲麟而遂爲書此蓋成其

作經作獲麟後之說晉文圖霸之心固已久矣曹衛乃其成事而謂霸心起于此不應疏謬乃爾豈孔子之言哉而司馬遷之論亦未必有據學者自不必深攷乃其爲說則不可不辨戴宏爲解疑論謂西狩獲麟知天命去周赤帝方起麟爲周亡之異漢興之瑞且云孔子言丘覽史記援引古圖推集天變爲漢帝制名有赤受命倉失權周滅火起薪采得麟之語嗟夫孰謂漢儒而無所忌憚敢至是乎至始隱公爲穀梁者曰惠公之初平王猶賴晉鄭未甚衰弱末年陵替始極遂託始于隱夫

幽王爲犬戎所殺周不得保其王畿而東遷此不爲衰弱而區區依晉鄭以爲強乎然此言猶不過鄙陋而已乃公羊家言張三世藉位于魯以託王義謂隱公爲受命王黜周爲二王後故以哀定昭己與父時事爲所見之世文宣成襄王父時事爲所聞之世隱桓莊閔僖曾祖高祖時事爲所傳聞之世遂謂諸侯不得改元惟公爲受命王故得稱元年以所傳聞爲治之始所聞爲升平所見爲太平其原皆自嚴彭祖顏安樂始雖未必全出公羊然所見異辭所聞異辭所傳聞異辭公羊自爲

此論而嚴顏傳于眭孟則其來蓋有自矣爲左氏者又曰五經皆無證圖讖明劉氏爲堯後獨左氏有明文蓋謂文十三年言士會之族處秦者爲劉氏班固漢書亦證漢爲堯後孔氏爲左氏正義疑漢增此一言以媚于世凡此見兩漢諸儒之罪殆不勝誅尚何足與言經今讖緯諸書雖不傳而其言猶存世之好奇者或未免有所蔽故略爲出之此豈直孟子所謂淫辭之所陷邪辭之所離者而已哉惟何休言十二公法天之大數適與吾合吾非取于休取于經也孟子曰春秋天子之事此

得之矣猶未盡也夫王政不行以褒貶代天子賞罰以爲天子之事可也然諸侯有善惡固可代天子而行天子有善惡則孰當代而行之乎春秋有貶諸侯而去王者矣諸侯而無王則王之所絶也然則春秋蓋天事非止天子之事也故以名取于舊史之文雖同以義取于春秋之意則異凡春秋所書皆天之所爲云爾以事繫日以日繫月以月繫時以時繫年歷一時無事則書首月以見時歷一月無事則各于有事之月以見時此雖損益舊文正春秋之所以爲天事者也而公羊穀梁皆

以爲春秋編年四時具而後爲年若是其淺哉帝王法天之事無不以十二爲節蓋周之爲十有二次運之爲十有二辰別之爲十有二月皆天之所以爲天而成一歲者也王者旣曰天王矣則無往而不法天故冕十有二旒服十有二章圭十有二寸食十有二鼎分天下爲十有二州而十有二歲一巡守大而立于天下小而服食器用無不取則不如是不足爲天王魯子服景伯曰周之王也制禮上物不過十二以爲天之大數也古之人蓋有知之者矣周公制禮以天地四時名官而六官

之屬各六十以當朞之日亦曰周禮者王政之所由出而王之所以法天者在是也然則春秋作于詩亡而斷自隱公始至于哀公而備十有二公之數其亦以代天賞罰而收其節者歟孟子曰王者之迹熄而詩亡詩亡然後春秋作而序詩者言變風止乎禮義先王之澤也今變風止乎陳靈公在魯宣公之末後春秋百六十餘年二雅止于幽王前春秋四十餘年王者之迹與王者之澤異迹者其政也以二雅言也澤者其化也以國風言也平王之後黍離降于國風所謂詩亡者非無詩無

王詩也因緣及于陳靈公之世蓋文武之化猶有存乎人心者至靈公而後絕則春秋之作其以幽王之後平王之初二雅絕而無王詩乎然隱公立于平王之四十九年其在詩亡平王之初則惠公其人也春秋不始于惠公而始于隱公吾然後知均爲平王略惠公而始隱公正以足十二公之數以備天道云爾蓋春秋之義不在惠公與隱公則不嫌于去彼而就此是說也何休徼得之故言春秋據哀錄隱取法十二公天數備足然以所見所聞所傳聞爲辨則去之又遠矣故非深明帝王

之道而知其所以爲天子者未足與議此也
春秋諱國惡歟曰然爲尊者諱爲親者諱爲賢者諱歟
曰不然春秋公天下信後世之書也所以公天下信後
世者爲其善惡不敢秋毫加損于其間也今尊者有
罪諱而遷其辭曰是吾尊也親者有罪諱而遷其辭曰
是吾親也賢者有罪諱而遷其辭曰是吾賢也二百四
十二年之間凡魯君者孰非吾尊且親而列國之中亦
何時而無賢春秋將遷其辭之不暇其所以爲公且信
者將安施乎然而吾魯臣也其所爲魯史也昔者楊子

爲我拔一毛而利天下不爲也孟子以爲無君墨子兼愛摩頂放踵利天下爲之孟子以爲無父君與父吾之所獨非夫人而可同也知爲己而不知物則吾之君亦人之君謂之吾君可乎知爲人而不知己則吾之父亦人之父謂之吾父可乎古之爲臣與子者喪其君與父斬衰三年雖母猶厭而爲朞是君與父天下所不得同者也墨者夷之葬其親厚謂愛無差等施由親始孟子以爲貳其親曰天之生物也使之一本而夷子二本今春秋書魯事未嘗與列國等列國不書即位魯書即位

列國不卒葬夫人魯卒葬夫人列國不卒大夫魯卒大夫列國女嫁爲夫人不書歸魯內女嫁爲夫人書歸列國戰書敗績魯不書敗績案莊公九年戰于乾時未嘗不書敗績此失攷列國公與微者會皆書爵魯與微者會非內志不書公如是之類曰內辭焉雖周不得同則夫國有惡如他國焉而直書之春秋亦有二本乎莊子曰蹍市人之足則辭以放驁兄則以嫗大親則已矣以其出于情者異也孟子曰越人彎弓而射之則己談笑而道之其兄彎弓而射之則己垂涕泣而道之爲其責于恩者殊也葉公語孔

子曰吾黨有直躬者其父攘羊而子證之子曰吾黨之直者異于是父爲子隱子爲父隱故陳司敗嘗問于孔子曰昭公知禮乎子曰知禮陳司敗曰吾聞君子不黨君子亦黨乎君娶于吳爲同姓謂之吳孟子君而知禮孰不知禮子曰丘也幸苟有過人必知之故記言爲春秋去夫人之姓曰吳其死曰孟子卒由是言之春秋之義蓋亦可見矣以爲吾之父非人之父也則有美焉有惡焉稱其美不稱其惡所以別乎人之子吾之君非人之君也則有美焉有惡焉亦稱其美不稱其惡所以別

乎人之臣也乃春秋將以公天下則有不得而私將以信後世則有不得而誣故其小惡雖愆于禮義而未絕于王法則著其實而使自見如夫人如齊九月用郊之類是也其大惡王法所誅絕不可逭于天下則微其辭而徐見之桓無王定無正月之類是也雖隱其迹而使人徐察焉終不沒其實蓋不敢廢其爲公也不敢棄其爲信也是以隱弒不書而不得葬與列國之君弒而不葬者同謂之非弒可乎滅國不書而滅項不見公與列國之滅國而書者同謂之無滅可乎故曰丘也幸苟有

過人必知之夫不畏其有黨而能為法受其過則其為公天下信後世者孔子固自有以處之矣此其所以為春秋者也

或問內大惡諱小惡不書春秋之義則固然矣大惡雖諱必婉其辭而微見之所以申臣子之道而不失其為勸懲者也小惡不書則遂沒而不見乎亦各于義而已矣夫人孰無過雖湯不貴無過而貴于改過不吝顏子不貴無過而貴于不貳過所謂小惡者謂其不干于法不害于教沒之不為縱失有罪者也縱有罪于義為輕

內其君于義爲重則沒之可也爵之小過沒而不書者吾不得而知矣乃子般弑而季友出奔內無與主而致季友不敢保其身則莊公之爲也始即位旣不能强而自立以修其國政又不能弱而朝霸主以幸苟容至于欲討而後見之則文公之爲也故季友出奔文公如晉皆沒而不書然季友歸而魯復存則季友之功不可不録故復見季子來歸晉爲霸主受公朝而以大夫爲盟則晉侯之罪不可不正故復見及處父盟見季子歸則知其嘗出而不書者全其美也見處父盟則知公嘗朝

而不書者殺其恥也此春秋之微也

春秋內事有諱而不書者有略而不書者諱而不書者所以隱國惡略而不書者所以顯民志國惡之隱所見多矣民志之顯未有能明之者子般見弒季友嘗奔于陳矣不書其出略也至其盟而復國也則書季子來歸夫豈有無出而歸者乎季子者國之所恃以存亡者也季子在則國可存季子出則國必亡故不書其出所以見魯人繾綣不忍使去而欲其留也桓公薨文姜嘗孫于齊矣不書其歸略也至其入而復見也則書夫人姜

氏會齊侯于禚夫豈有既孫而復在者乎文姜者舉國之所惡也存之不能討其罪而逐之所以遠其惡故不書其歸所以見魯人厭鄙無所容而欲其去也一隱一顯之間不待加之辭而國人之情昭然著見于千載之下若生乎其時而聞其言者非聖人莫能爲也

人之所以爲人者莫大于禮義國之所以爲國者亦莫大于禮義孟子曰羞惡之心義之端也是非之心智之端也夫惟智足以擇是非然後義足以辨羞惡使是非不明于中不惟無恥之恥不能知羞惡正使羞非其所

羞惡非其所惡亦何取于義乎司馬牛問君子子曰君子不憂不懼曰不憂不懼斯謂之君子矣乎子曰內省不疚夫何憂何懼夫子之爲是言爲桓魋也魋之過何累于牛雖無兄弟庸何傷乎子產爲丘賦而國人謗之子產不改以詩禮義不愆何恤于人言爲證子產之言則是矣而謂丘賦爲善其是非猶未擇也是非之難明惟春秋爲能詳故有內諱以殺恥者雖與微者盟猶不以見有當諱而不諱者雖君臣俱辱于大國猶正其辭而不少隱沙隨之會郤犨取貨于叔孫僑如訴成公于

晉侯不得見而執季孫行父于苕丘平丘之會十三國並集王人在焉而昭公以邾莒蠻夷之訴辭不得盟皆執其大夫自人言之國之大耻也而春秋書公會晉侯齊侯衛侯宋華元邾人于沙隨不見公公至自會晉人執季孫行父舍之于苕丘公會劉子晉侯齊侯宋公衛侯鄭伯曹伯莒子邾子滕子薛伯杞伯小邾子同盟于平丘公不與盟晉人執季孫意如以歸由是言之禮義可不明哉如是而後弑而曰甍奔而曰孫殺大夫而言刺被侵伐而言鄙者君子可以深耻矣

春秋立天下之常道以垂萬世者也或者以爲亦有從權者焉非也今天下之所以能立者爲其有君君臣臣父父子子兄兄弟弟夫夫婦婦而行之以禮樂政刑持之以綱紀文章者也湯武非不仁也孔子曰武盡美矣未盡善也韶盡美矣又盡善也終不以桀紂而易天下之君臣也衛輒受命于靈公而有其國者也孔子曰必也正名乎名不正則言不順言不順則事不成終不以輒而亂天下之父子也何者權者有時而行而常者萬世不可改者也雖大聖人豈以一時之宜而廢萬世之

正乎春秋之時三綱亡五常絶凡天下之所以立者無一而不壞矣上無道揆下無法守明王不作既無與出而治之者孔子方將以空言撥其亂而反其正舉其所謂常而不可改者揭而示之天下使昭然如日月之不可掩其明屹然如山岳之不可易其位幾何而不正乎若是而通其權是以亂濟亂也故曰春秋無權道此其說蓋起公羊以祭仲出鄭忽爲知權而春秋賢之者也故謂權者反于經而後有善學者雖知其失而斥之然終不能不以吾聖人言之近似者而惑之也夫可與適

道未可與立可與立未可與權孔子固言之矣此豈舍常而用權者哉孟子曰子莫執中執中爲近之執中無權猶執一也所惡執一者爲其賊道也舉一而廢百也夫道固有常變惟明道者雖守其常而變自存乎其間此君子之所謂權者也世之知常而不知變知變而不知常者皆分乎道而各蔽于一偏則孟子所謂執一而賊道者是也愚觀夫權而議之哉是故春秋朝聘盟會非無善也以爲諸侯不得擅相見則未有異文而與之以禮者也戰伐圍取非無功也以爲諸侯不得擅相討

則未有異文而與之以義者也以類而求凡王法之所不得爲者其辭未嘗不一施之焉乃若華元不終于戰而與楚平不可謂不賢而人其變命者不能免也趙盾不終于納捷菑而還不可謂不正而人其專君者不能恕也里克志于立嫡而奚齊之死不得逃于弑趙鞅力于去惡而晉陽之入不得别于叛若是之類雖欲秋毫假之無自而通焉然而等于盟也召陵之役孰不知其仁均于戰也城濮之勝孰不知其義華元可抑而不可廢其平趙鞅可退而不可奪其正則明乎道者固有以

處之矣乃孔子則不以是立法也法者可以常立不可以變見者也公羊蓋亦微得于此故常爲實與文不與之論幾若近之惟不盡達乎道是以施之每不當其所故若以夏徵舒人楚而謂之貶專討以宋仲幾人晉而謂之不與專執爲在其爲文實之辨歟或曰春秋無權道則然矣若有所謂出乎禮之變與禮之正未嘗不該焉將非權乎曰非也公羊固云權者反經而後有善是舍常而從變分而爲兩之言也聖人之權則異乎是所以著乎禮者固有定制矣而有出于禮之不及備者焉

爲其不可廢也而以義起之則庶子得爲毋築宮祭以公子不幸不及其身而至于孫亦從而祭考仲子之宮是也非權也亦所以爲禮也所以著乎法者固有定數矣而有出于法之所不及該者焉爲其不可已也而以情通之則大夫卒于祭所旣不可用樂又不可廢祭姑去樂而存祭叔弓卒而去樂卒事是也非權也亦所以爲法也諸侯以時朝王于方岳正也有不及時而不至于方岳者不可以非其地而不朝也則朝于王所者有之僖公是也非權也亦所以爲尊王也諸侯繼世踰年

而即位正也有不及年喪至而得立者不可以過時而不即位也則既殯五日而即位者有之矣定公是也非權也亦所以爲定位也若是者其何廢于常乎乃築王姬之館可辭而不辭以是爲禮則凡在喪者皆可得主婚矣是謂變禮者也知築宮可祭而因爲之獻六羽以是爲樂則夫人之廟皆可得用舞矣是謂易樂者也古者諸侯變禮易樂其君流尚何權之云乎此春秋之所以爲誅也知此而後知春秋之不用權矣

孔子孟子俱欲以王道援天下撥亂世而反之正者也

而其行之則不同孔子欲道其常以垂萬世孟子欲乘其變以救一時故孔子之言得天下未嘗不在舜與文王而孟子之説諸侯一以湯武學者固疑之矣不知孟子于孔子蓋相與爲終始非深知春秋之義者不能成孔子之志也子謂韶盡美矣又盡善也謂武盡美矣未盡善也是孔子之志雖武王且有所不足必至于舜文而後可矣顔淵問爲邦子曰行夏之時乘殷之輅服周之冕樂則韶舞使孔子而得志必將參三王之文質終之以爲舜在齊聞韶而三月不知肉味蓋有當于其心

也無巳則文王爲所謂文王既沒文不在兹乎孔子固自任之矣至于三分天下有其二以服事商者謂之至德此所以立萬世之常法君君臣臣雖極天下之亂盡人道之變終不可易此其著之春秋者也故曰如有用我者朞月而已可也三年有成善人教民七年亦可以卽戎如有王者必世而後仁善人爲邦百年亦可以勝殘去殺其節如是之緩其效如是之遲而孔子終卒老于行而不悔及其病且死則喟然傷之曰明王不作而天下莫能宗予不知孔子之意以世無賢君不得有天

下如舜耶抑抱其可以爲王之道不得尺地而行之如文王耶不可知也原孔子之道不自爲舜文王則輔其君使爲舜文王而已乃孟子則不然曰雖有智慧不如乘勢雖有鎡基不如待時故事半古之人功必倍之環轍于天下而告其君者必曰湯以七十里文王以百里王不待大至于湯放桀武王伐紂則曰聞誅一夫紂矣未聞弑君也甚矣孟子之危言自孔子言之幾若冰炭之不相侔使天下後世不幸眞有如桀紂之君在上孔子或自有其位或佐其君將拱手坐視而弗顧耶抑有

不得已而權以濟之耶然而諸侯之不專伐春秋之道也陳恒弑其君則孔子沐浴告哀公而請討是諸侯可得而伐也人臣之死職春秋之義也子糾之難召忽死之管仲不死孔子以爲桓公九合諸侯一匡天下爲管仲之力而與其仁是人臣可得而廢其職也由是言之使孔子而處道之變必有爲之所者矣要不可遽言而立法也其所以爲萬世之訓者姑正其常而已惟孟子之學足以見孔子之心故其以爲君君臣臣父父子子孔子固以天子之事著之春秋雖亂臣賊子聞之而無

不懼吾豈復更加毫末于其間哉乃其救民于水火拯民于塗炭使天下匹夫匹婦無不被其澤者則孟子之心亦孔子之心也故取邑取附庸春秋之所禁也而孟子則曰取之而燕民悅則取之征伐自諸侯出春秋之所惡也而孟子則曰爲天吏則可以伐之諸侯不得專殺大夫孟子曰國人皆曰可殺見可殺然後殺之新作南門且不可齊宣王欲毁明堂孟子曰王欲行王政則勿毁之矣凡此皆非有異乎春秋充孟子之志諸侯誠有湯武者作發政施仁推其澤于天下兼弱攻昧正有

罪而誅之使天下皆爲堯舜之民則大國五年小國七年雖使之坐明堂而朝諸侯春秋之所期亦不過如是焉是亦春秋而已矣故惟孟子爲善學春秋

春秋有可以事見者求以事事不可見而可以例見者求以例事與例義在其中矣有事與例俱不可見而義獨可推者求以義義者理之所在也有事與例與義俱不可見而意可通者求以意意者人情之所同也莫易乎事莫難乎意僖四年春公會齊侯宋公陳侯衛侯鄭伯許男曹伯侵蔡遂伐楚夏許男新臣卒楚屈完來盟

于師以例推之許男之卒師猶未還當書卒于師而不言師宣九年九月書晉侯宋公衛侯鄭伯曹伯會于扈晉荀林父帥師伐陳辛酉晉侯黑臀卒于扈以例推之晉侯之卒尚在扈則當書卒于會而不言會此事不可見而又與例違求其義則褒貶無預焉而左氏解許男乃爲卒于師而晉侯不爲說固不知經也穀梁以許男爲內桓師凡推齊侯每異于他諸侯者公羊穀梁之意非春秋之旨也桓師非湯武之兵何內之有公羊解晉侯以扈爲晉邑諸侯卒其封內不地此自公羊之誤若

爲其在會則自當言會不當言地穀梁曰其地于外也
其曰未踰境也則穀梁蓋不別卒于會卒于外之辨其
陋與左氏言許男同矣此皆不得其事與例而强以義
求之之過也若以意推之則許男雖從伐楚之師而以
疾先歸卒于國中安得不以常例書卒乎不言先歸但
以卒見可知其在國中也晉侯雖會于扈而中隔晉荀
林父帥師伐陳則會扈之諸侯已散晉侯以疾獨留而
卒則安得不以常例書地乎不言其留但以地見可知
其非會也此亦孟子論詩所謂以意逆志是爲得之者

學春秋而至是然後能出傳註之外而察千載之上如在其目前也

人之常情有出于自然而不可已者善者人之所共好也見有善焉其推之惟恐其不至也故曰言之不足故嗟嘆之嗟嘆之不足故咏歌之咏歌之不足猶有見于手足以舞蹈者矣不善者人之所共惡也見不善焉其絕之惟恐其不急也故曰牆有茨不可掃也中冓之言不可道也所可道也言之醜也若是者非吾故欲爲是別也其出于情者莫知其所由然而然也故春秋之辭

有繁者焉有約者焉孔子曰書之重辭之復不可不察也其中必有美焉公羊曰春秋辭繁而不殺者正也以經攷之會王世子旣見首止矣俄而復曰諸侯盟于首止會宰周公旣見葵丘矣俄而復曰盟于葵丘一地而再見非止此也宋之盟平丘之會亦然首止所以定世子葵丘所以明王禁宋以弭諸侯之兵而平丘以申天子之制皆君子所謂善焉而不能已者也溴梁之盟大夫固有名矣略而暴之曰大夫盟而不目其人也緣陵之城諸侯固有列矣略而總之曰諸侯城緣陵而不序

其人也非止此也兩盟于扈一會于扈亦然溴梁大夫之專命也緣陵諸侯之有闕扈會諸侯之無能爲也前扈大夫而專廢置後扈諸侯不能討篡弑皆君子所謂不善焉而不欲道者也是君子所以善善而惡惡者也雖然皆繁也亦有不正其所爲而示之以緩而不切之辭者焉霸主執諸侯以歸京師當其罪曰歸于不當其罪則曰歸之于故凡辭間有之于者皆謬慜而不正其所爲者也若晉侯使韓穿來言汶陽之田歸之于齊之類何其文之衍也皆約也亦有微而不敢盡示之以特

異之辭者焉偏戰皆書某師及某師戰于某某師敗績而內辭不言敗直曰及某師戰于某故凡有不得盡其辭與不必盡者皆直書而不備也若天王崩王室亂之類何其文之約也惟善學者不但知言必知其所以言故曰言豈一端而已各有所當也而況春秋之言乎

孔子曰君子成人之美不成人之惡成人之美則天下皆可使爲善而無不與之遷善也不成人之惡則天下可使皆不爲不善而無不與之改過也其于事君亦然善不積不足以成名懼其以小善爲無益而不爲也則

見一善焉必推之于己惟恐其不專以爲非君莫能爲也故曰將順其美懼其以小惡爲無傷而不畏也則見一不善焉必分之于人惟恐其不遠以爲非君所敢爲而人爲之也故曰匡救其惡春秋内事凡與外諸侯連者苟王法之所禁雖有以爲功者皆與諸侯列而序之曰是惡也衆人之所爲也分之于衆而不獨責于己則知己不可有是過而不爲也盟會征伐之類或言公會或言公及或沒公而不見或略公而不序是也至于城楚丘釋宋公朝王所戍陳戍鄭虎牢歸粟于蔡諸侯皆

預焉而獨以內爲文曰是美也吾君之所能爲也專之于己而不兼取于人則知獨有是之爲美而惟恐人之先己而力爲也夫然豈獨萬世之爲君者皆思慕善而畏惡哉抑凡爲人臣者皆將以是爲心則其君孰不皆至于善此爲君之道而事君之法也

春秋無虛加之道此固然矣亦有義之所在而爲之變辭者必有見焉然後著之未嘗苟也虞師晉師滅下陽下陽邑也邑不言滅下陽虞虢之塞邑下陽滅則虞亦滅矣以其後見執虞公知虞國之前亡是故可以非滅

而言滅也許世子止弒其君買止無弒君之實坐不嘗藥而同之弒也以其欲見葬許悼公知賊不討而得葬故可以非弒而言弒也此春秋之微不可不察也公羊雖知無虚加之道責文公以喪娶至于天王敗績于貿戎曰孰敗之晉也以爲尊者諱敵不諱敗與穀梁以戎伐凡伯爲衛者同夫如是縱失晉無王之罪而加戎以亂華之咎未聞春秋善善惡惡而如是者也大抵公羊穀梁多主諱而不達經旨如無駭滅極爲諱内大惡而言入宋公入曹爲諱滅同姓而言以歸之類凡此皆不

疑于虚加而獨疑于喪娶吾不知其說也

春秋攷卷一

春秋攷卷二

宋　葉　夢　得　撰

統論

君子之學必慎其所傳所傳不正而妄以爲正固非矣所傳正而施之不得其正其爲不正亦均也子貢曰夫子之文章可得而聞也夫子之言性與天道不可得而聞也夫子固未嘗不與人言也然而有可得聞有不可得而聞者焉使弟子皆若顔子終日言而不違則言且無所不説矣其有不得其正者乎乃親于其身爲不善

者君子不入也子路嘗聞是言矣而佛肸以中牟畔召子欲往其磨而不磷涅而不緇者非子路之所得知也則雖欲施之而無所取其正焉三家言經其以爲凡例者固不能盡合然未必所傳不出于聖人惟不盡得其所聞是以所施非所傳而每失之也穀梁曰凡辭繁而不殺者正也是夫子之言也而施之于宋襄公泓之役以爲文王之戰無以加則非也襄公無取霸之道而矯一日之事以幸得志而喪其身安得秖以書春書月書朔書日之繁者而遂以爲正乎穀梁曰諱莫如深深則

隱苟有所見莫如深也是夫子之言也而施之于公子慶父如齊以爲犇而諱言如則非也閔公之弒慶父之惡再見矣尚不諱言犇莒此其爲惡未甚于前安得遽諱乎甚矣春秋之難明所以屢傳而愈失也

三代用正雖各不同其四時之序但以月次之而已至于行事所當辨者則未嘗不以夏時爲正周官太宰以正月之吉垂治象而小宰又以正歲帥治官之屬觀治象之法正月周之正月也正歲夏之正月也則當時象法所須固自並行而不相廢故凡禴祠烝嘗之見于祭

蒐苗獮狩之見于田下至于獸八言四時之獻疾醫言四時之疾之類皆從其正時以爲名特春秋易之爾左氏記時大扺先經一時如隱書冬宋人取長葛左氏以爲秋桓書夏穀伯綏來朝鄧侯吾離來朝左氏以爲春僖五年春晉侯殺申生左氏記于四年十二月十年正月晉里克弒卓及荀息左氏記于九年十一月等疑皆從舊史之文則舊史之序時亦皆本于夏正蓋旣以正歲爲歲始則時有不得亂時不得亂則月亦不得易但不知先王協時月正日以重正朔之禁而羲和以廢時

亂曰得罪者如何施之爾非特史書云然也詩七月六月四月十月之交皆是夏正至七月言周正則一之日二之日三之日四之日而已然則春秋所以易之者蓋編年以繫事而正朔王法之所謹不得不本周正也然言之不正孔子亦知之故顏淵問爲邦子曰行夏之時則春秋所書爲不得已杜預不知舊史之文解左氏長葛爲秋取冬告穀鄧朝爲春來夏朝申生爲冬殺春告卓荀息爲冬弑春赴皆附會之妄非經之正

周官淩人掌冰正歲十有二月令斬冰三其淩先鄭讀

正爲何而記故書正爲政政則讀爲掌冰政而析歲十二月爲句當從故書以是攷之則周紀歲首雖以建子爲正月之吉至其行事自以夏時序月兩者自不相妨也詩十月之交言日有食之亦孔之醜先儒以爲夏之八月夏之八月與他月等何醜之有此亦夏之十月也蓋純陰用事之月陽不能勝故以爲醜爾以六月四月詩參之可知也三家皆不了春秋用周正之義故隨經爲說三正迭用無一不自相伐桓八年春正月己卯烝穀梁曰烝冬事也春興之志不時也周之正月乃夏之十

一月正爲得時矣則穀梁解經用夏時也故夏五月丁丑烝亦再見曰烝冬事也春夏興之黷祀也至十四年秋八月御廩災乙亥嘗下書齊侯祿父卒在冬十二月穀梁之意以嘗屬御廩災之後猶爲八月不悟周之八月爲夏之六月亦以爲得時故但以爲志不敬而已然于春正月公狩于郎明言冬曰狩而不譏其失時正月無冰以爲時燠若此之類則又疑其用周時公羊于正月烝列四時之祭名而曰常事不書譏亟也以常事起問蓋以爲得時春公狩于郎亦以爲常事譏遠則是用

周時也然至于八月嘗亦曰常事不書譏嘗也則又與穀梁同左氏于冬城向冬城諸及防之類皆以爲時春新延廄春新作南門之類皆以爲不時周之冬夏之秋也安得爲時周之春夏之冬也安得爲不時則左氏亦是用夏正至三月大雨霖以震言書始春正月公狩于郎言書時與記春正月日南至之類則又用周時王法之大莫先于正朔正朔之辨莫顯于四時而三家顛倒錯繆皆爾殆不可曉也

周官太宰以六典佐王治邦國此先王待五服諸侯之

法也于治典言經教典言安禮典言和政典言平刑典言詰事典言富其爲之必有其目矣正月之吉旣垂其法于象魏而建其牧立其監設其參傅其伍陳其殷置其輔者牧監以統之于上參爲三卿伍爲伍大夫殷爲衆士輔爲庶人以共行之于下此諸侯所以能攷禮正刑一德以尊天子而無變節易度以稱亂于四方者也非特周公云然方舜之時固已曰象以典刑而五子之歌言禹之德曰有典有則貽厥子孫湯誥曰凡我造邦各守爾典以承天休成王命君陳亦曰爾克敬典在德

三代相承蓋皆有所沿襲是以胤征言政典曰先時者殺無赦不及時者殺無赦此大司馬之所治也周衰周公之法寖廢穆王耄荒命呂侯訓夏贖刑則伯夷降典載于司寇者已不能行矣至厲王無道周室大壞天下蕩蕩無綱紀文章詩人傷之託于商以爲刺曰匪上帝不時殷不用舊雖無老成人尚有典刑然則所謂儀式刑文王之典者尚安有哉單襄公過陳而不爲禮歸告于王或徵之周制或徵之周之秩官此其禮典之在邦國者也秦襄公之興備其兵甲以討西戎而詩蒹葭刺

其未能用周禮將無以固其國慶父之難齊小白使仲孫湫來省難問魯可取曰猶秉周禮未可動當是時天下猶知周禮之爲重如此然韓宣子聘魯觀書于太史氏始見易象與春秋曰周禮盡在魯矣吾乃知周公之德與周之所以王也晉爲霸主自唐叔以來宜有傳者而韓宣子已不及見則諸侯孰有能守之者乎蓋自小白稱霸天下所宗者皆霸主之令王政已不能盡行而晉文公之後世所共守者惟文襄之命文公初納王尚自請隧以干王章何暇能正諸侯抑孟子言周室爵祿

之制諸侯惡其害己而去其籍者今周官司祿諸亡篇是也須句之滅成風猶能爲僖公言崇明祀保小寡爲周禮而襄王避子頹之難出居于鄭卜偃勸晉文公以爲周禮未改吾然後知周公之典其所以爲天下者大焉今之周禮蓋周官非周禮惜乎先王之六典不得而見矣

學春秋者不可不先學禮然先王之禮殘缺雖周禮不免有變亂孟子所謂諸侯惡其害己而去其籍者不特司祿諸職亡而已蓋又有附益之以便其私者大司徒

曰諸公之地封疆方五百里諸侯四百里諸伯三百里諸子二百里諸男百里且自商以來列爵惟五分土惟三周反商政未之有革也烏覩所謂五者哉王制曰天子之田方千里公侯百里伯七十里子男五十里不能五十里者不達于天子附于諸侯曰附庸此與商制正合典命諸侯之五儀上公九命侯伯七命子男五命其國家宮室車旗衣服皆視其命數以爲節則亦三而已是故天子曰萬乘諸侯曰千乘天子曰兆民諸侯曰萬民皆取其十之一孟子亦以周公之封爲儉于百里而

子產謂列國之地一同然則百里而上非諸侯之僭而附益之乎先鄭釋王制强謂商土尚狹因夏爵爲三等周公斥大九州之界增爲五等不知其何據而于周官則以爲公食其半侯伯子男食三與四之一謂其餘皆附庸以論語顓臾在邦域之中爲證後鄭復謂公無附庸爵以王子母弟得同公國故頌以爲錫之山川土田附庸夫所謂邦域之中者正侯伯所統之屬爵侯伯也安得爲其國之封哉其曰公無附庸侯伯而下有附庸亦皆臆之正使諸男之國誠百里而更受三同之地以

爲附庸其輕重不亦倒置乎是封國之制不可據也大司馬凡制軍王六軍大國三軍次國二軍小國一軍軍將皆命卿所謂大國次國小國者宜以公與侯伯子男爲辨也夫爲軍所以征伐諸侯旣不得專征必待賜鈇鉞爲牧而後得征則侯與伯而不爲牧者且不得有軍況子男哉叔孫穆子曰天子作師公帥之以征不德元侯作師卿帥之以承天子諸侯有卿無軍帥教衛以贊元侯伯子男有大夫無卿帥賦以從諸侯此言猶見先王之遺制故魯以作三軍舍中軍見譏而鄭氏妄引成

國不過半天子之軍與王命曲沃伯以一軍爲晉侯以實其言不知此皆周之末造蓋自晉文公爲三軍又避天子六軍而爲三行季氏復僭三軍則其餘諸國可知是亦增周禮以爲之文則軍制不足據也夫禮制孰大于封國與軍制而變亂若此周禮豈全經乎禮記非孔子之書蓋西漢諸儒雜記所聞不專主周禮兼取虞夏商制相參戴氏以類次之其言尤厖亂往往反取春秋爲辭而誤其本意如謂諸侯于天子比年一小聘三年一大聘五年一朝以霸主之令而更周公六年五服一

朝之數謂諸侯卒春秋皆書名爲不生名之說則出弃名者曰失地名衛文公滅邢名者曰滅同姓名皆與經意相戾諸侯未及期相見曰遇相見于隙地曰會約信曰誓涖牲曰盟皆不知其爲僭則其他可知惟儀禮尚見周公盛時之制而天子之禮多亡則後世欲盡學禮者固難矣然禮失求諸野失官學在四夷古之君子不幸不得見先王之成法非特今也而苟可得其故者雖野與四夷尚且求之而況其遺書乎則是三書雖不可盡攷苟能明堯舜三代之道與周公孔子治天下之法

則舍是復何所取乎亦在愼擇之而已孔子曰吾欲觀夏道杞不足徵也吾得夏時焉吾欲觀商道宋不足徵也吾得坤乾焉必有如孔子之用心者而後可與言觀三書矣

禮曰天子不言出諸侯不生名諸侯失地名滅同姓名此非知禮者之言嘗聞乎春秋而不究其說者也天子不言出非以天王出居于鄭歟出之爲言所以辨内外也天子以天下爲家雖無往而非内然自千里之畿言之則凡至于諸侯之國者皆出也故巡守言出則曰天

子將出類乎上帝宜乎社造乎禰征伐言出則曰天子將出征類乎上帝宜乎社造乎祖禡于所征之地天子何嘗不言出乎雖出而不害其言居所以正襄王不得于母弟而失位者不在是也則謂天子不言出者非春秋之意也諸侯不生名非以諸侯必赴而後見名歟夫名者諱之道也古者生死皆不諱至周而後諱諱死不諱生然必待卒哭而後諱焉不忍遽死其親也猶曰廟中不諱臨文不諱楚公子圍卽位使赴于鄭鄭人問應爲後之辭伍舉曰共王之子圍爲長則諸侯卽位之初

即以名告矣故其死也亦必以名赴所以正其死者之君爲誰也諸侯何嘗不生名乎春秋諸侯無生以名見者在內則臣子之辭在外者義不在名故惟衛燬楚虔貶而後加之爾若滅國君死固以無嫌而不名焉則謂諸侯不生名者非春秋之義也諸侯失地名非以出奔者皆名歟夫出奔而名非以其奔而罪之也諸侯失位必有迫逐篡而奪之國者則內亦一君也外亦一君也不名何以別乎凡奔而見經者皆錄其赴告之辭彼亦將使諸侯曉然皆知君者之爲何人出者之爲何君而

不得不以其名來告史從而錄之衞鄭出而叔武攝自
不當爲君故鄭不名非以是爲美也則失地名者非春
秋之義也諸侯滅同姓名非以衞文公滅邢書名歟諸
侯之滅同姓固罪矣然諸侯族姓之别天下孰不知之
苟有滅焉固不待貶絶而自見也衞燬之名蓋以誘國
子而殺之非名無以重其滅之罪故楚虔以誘殺蔡世
子名衞燬以誘滅邢名其罪一也果以滅邢爲貶楚滅
夔齊滅萊何爲而不名乎則滅同姓名非春秋之義也
凡此者皆經之微漢初諸儒但竊其文而不知其義故

妄意其或然而爲之辭是故君子不可以不知經也

凡諸侯皆稱公武成言列爵惟五謂公侯伯子男也分土惟三謂大國次國小國也自商以來以是爲辨孟子論周室班爵祿曰天子一位公一位侯一位伯一位子男同一位凡五等此天子之制也君一位卿一位大夫一位上士一位中士一位下士一位凡六等此諸侯之制也天子之制地方千里公侯皆方百里伯七十里子男五十里凡四等以王制攷之諸侯之上大夫卿下大夫上士中士下士凡五等天子之田方千里公侯之田

方百里伯七十里子男五十里其言與孟子正合然周官典命子男同五命侯伯同七命公九命而封國之制諸公五百里侯四百里伯三百里子二百里男百里則周制公當一位侯伯當一位子男當一位皆三等封國之制諸侯惡其籍可矣而典命之數則不可易豈孟子或誤而漢儒因之從以爲王制歟其言天子三公之田視公侯卿視伯大夫視子男元士視附庸亦因王制而爲之别也乃春秋時五等諸侯但分爲兩等而已左氏曰卿不會公侯會伯子男可也鄭子產曰鄭伯男也而

使從公侯之貢蓋以公侯爲一等伯子男爲一等未知其孰始也寰內諸侯則公爲一等侯伯爲一等子男爲一等凡三等故見于經者惟公與伯與子而侯與男則略之故無閒焉此乃典命所別正爲王國之制也

爵侯爵也十有二公皆稱公五等諸侯卒言爵其葬皆稱公學者多以周衰諸侯强死皆不請謚于天子而僭公孔子從而錄之以見譏非也公者五等諸侯臣子之通稱也古者言君臣之辨惟王公大夫士四等而已公以包侯伯子男大夫以包公卿周官曰坐而論道謂之

王公作而行之謂之士大夫鄭氏稱王公爲天子諸侯蓋均有南面之尊所以謂之坐也老子曰容乃公公乃王言自諸侯可以爲王孟子言共天位治天職食天祿爲王公之尊賢所謂王公者如此故傳說言立后王君公申無宇言人有十等曰王臣公公臣大夫大夫臣士非特此也禮諸侯之子稱公子諸侯之孫稱公孫則禮固通以諸侯爲公矣蓋禮有當別而爲辨者有可合而爲同者五等諸侯宫室車旗衣服之制此當別而爲辨者也故視其命數者各不同春秋于盟會征伐各以爵

見不敢不謹也至廟通爲五廟樂通用軒縣之類是合而爲同者不害其相通故春秋于謚葬之終從其主人者不得易也葬者主人之辭也若以爲因其僭而錄之以著其罪則吳楚之僭王何不錄而獨不書葬乎

朝覲會同皆見于廟蓋推本祖考不敢自享其禮之意

凡諸侯之有罪或畏而不敢朝其有疑而愬于王者或愬之者在此而被愬者在彼皆不可得而遽治所主者尊天子之禮而已故無所用盟會同或和其乖爭或討其叛亂或施其政令使各協心而竭其力以人事不足

盡則要之于神故有盟會天子不時見諸侯之禮也雖諸侯且不得自相會而況會戎乎舜典言五載一巡守羣后四朝唐虞制也周官言六年五服一朝又六年王乃時巡諸侯各朝于方岳周制也唐虞分天下爲五服包王畿甸服在其間畿內諸侯皆王之公卿大夫朝夕與王左右者其朝不以年則實朝者四服而已侯服朝一年綏服朝二年要服朝三年荒服朝四年故五年而王巡守則通五載之間王之巡守者一羣后之朝者四所謂羣后四朝也周分天下爲九畿亦曰九服而王畿

千里不在其間以六年數五朝則侯服歲一朝甸服二歲一朝男服三歲一朝采服四歲一朝衛服五歲一朝然而周官大行人又有要服六歲一見之禮九州之外夷服鎮服蕃服世一見不在歲朝之列若是則六年當六朝又六年王乃時巡則巡守當在十二年亦與大行人異蓋周增立九服九州之外三服不預歲朝其實六服之閒荒服亦不一以中國諸侯待之則可以預朝者五服而已故書周官先言六服承德後言五服一朝六服可言吾德之所被不可言彼之能朝則五服以次朝

五年其六年合五服之諸侯皆朝于王此周禮所謂時見曰會者也又六年五服各朝五年其六年王不巡守則諸侯盡朝王國此周禮所謂殷見曰同者也若是則巡守在十二年之内以六年王乃時巡推之可以知前言六年五服一朝者其一年爲時見之會大行人但總計六服來朝之節故不及時會大宗伯總計朝覲宗遇之外復有會同二禮故不及五服其爲職者不同故也先儒解時見曰會以謂來無常期諸侯有不順服者因其朝覲爲壇于國外合諸侯而命以征伐之事引左氏

有事而會爲證此惑于時見之名而不知以書周官參攷夫有事而會豈周承平之常制哉大抵先王之見諸侯者六其四爲以時見王之常朝其二爲非時見王之間朝常朝在廟中而不盟間朝在國外而覲禮之末別出諸侯見于天子爲宮壇者是也常朝但各以其方講禮而已間朝則合諸侯而計其功罪諸侯之有不和者亦因是愬于王小者則盟之大者則正以九伐之法所謂刑法之辟攻伐之兵征討之備威讓之令文告之辭如祭公謀父所言者也故曰時會以發四方之禁夫天

下亦大矣每一有不然則合諸侯以爲之不亦大勞矣乎必有大不庭不虞不可以待者然後以非時合諸侯而不以爲常此所以通謂之時見猶之言時聘者先儒但聞其說而不知其爲六年之節所以誤也十二年而時巡然有不能巡者則諸侯亦當合而見王于國外而盟覲禮之所載者時會之事而巡守之事非所著然以書與周禮儀禮兼求之其大約不過如此凡春秋所言朝會與盟皆非此制也

盟非先王之正禮也故朝覲宗遇諸侯以四時見王于

廟者皆無盟然自堯舜以來未有能廢之者也書曰苗民弗用靈制以刑罔中于信以覆詛盟蓋古之治民不獨要以人事凡山川百神與宗廟事其祖考者歲無不有禱祠祭祀以示其敬故人事所不能盡者亦必期之神諸侯有非時而來朝者曰會十有二歲王不時巡狩諸侯而來朝者曰同二者非朝之常禮則爲之築宮爲壇于國外設方明而祀之謂之盟非時而來朝者必有不協而請之王也則爲之盟以信之王不時巡而朝諸侯者必有戒之事而使守也則爲之盟以一之其設官

曰司盟凡邦國有疑則掌其盟約之載而大司寇莅焉大約書之宗彝小約書之丹圖此其細者也若其大者則各以其地域之衆庶共其牲凡殺牲載書而不歃血者會也歃血坎其牲加書于上而埋之者盟也然是非天子不可行天子者百神之所主而天下之所聽焉者也安有諸侯而可主神者乎諸侯而有盟皆僭也春秋之初隱公之罪首見于邾儀父蓋無國而不然至齊小白霸諸侯始從而受盟春秋以爲王法不行于天下猶有鬼神焉使知所事而甘心其于弭亂息爭而驅之善

猶以爲愈故鄭伯逃盟不免于誅如是猶有口血未乾而渝之者況幷其神而欺之乎故盟之罪旣書于春秋固不可逃而所爲盟者猶不盡廢也

晉成虒祁諸侯朝而歸者皆有二心叔向曰諸侯不可以不示威乃並徵會遂會及盟于平丘齊侯鄭伯盟于鹹亦徵會于衛遂盟于沙則霸主與大國之會與盟未有不先令之或求而與爲期者故晉爲鄭服欲修好于吳將合諸侯使士匄告于齊曰寡君使匄以歲之不易不虞之不戒寡君願與一二兄弟相見以謀不協請君

臨之楚人因鄭許之朝止之以求諸侯使椒舉致辭于晉曰晉楚之從交相見也以歲之不易寡君願結驩于二三君使舉請問君若苟無四方之虞則願假寵以請于諸侯此求盟之辭也春秋詳內故凡書公會某盟于某者皆彼求而我會之以外爲主也書公及某盟于某者皆我求而及彼以我爲主也若直盟者皆外盟彼我皆無與焉以告則書耳故會而盟者猶言某會某伐某及而盟者猶言某師及某師戰于某云爾來盟者彼請之莅盟者我從之皆以一國言亦若是而已

周制諸侯之盟書皆登于天府而藏其貳于太史内史司會及六官齊師伐我展喜犒師言成王賜周公太公之盟曰世世子孫無相害也以爲載在盟府太師職之者是也踐土之盟蔡將先衞祝佗記其載書衞武蔡甲午以爲藏在盟府此蓋文公之霸猶能舉舊禮而行之則先王典法雖春秋僭亂之世或廢或存亦未必其皆棄也

會同之禮見于覲禮者最詳亦通謂之覲所謂爲宮與壇者宮三百步四門壇十有二尋方明者木也方四尺

各以上下四方之色設之而用六玉上圭下璧南方璋西方琥北方璜東方圭上介各奉其君之旂置于宫左五等諸侯皆就其旂而立四傳擯而升壇巳祀方明而後以會同之禮見諸侯所謂天子乘龍象天旂象日月升龍降龍出拜日于東門之外反祀方明者此舉會同于一時之禮以見也其後槩言禮日于南門外禮山川丘陵于西門外餘三時之所禮如上儀也古者蓋重神事無事相見則不盟有事相見未有不盟者以天地爲尊而不瀆故所盟者日月四瀆山川丘陵之神而巳而

先儒以爲詛誓不及五帝盟詛不及三王者誤矣
盟與會本一事其所以異者特歃血不歃血爾會而不
盟者有矣未有盟而不會者也故經有書直會無書直
盟有書及盟無書及會會者本相與爲好者也雖有爲
之主者然此欲會而彼不從亦何由合故內會公與內
臣皆但言會于某外會但言某會于某而已此記禮會
不別內外爲志也乃盟則固在其間然必有事焉而後
會盟事之所主不可以不別或以會別外或以及別內
旣以是爲辨則盟之言會者非謂會禮謂其合也會一

名而有二義或以會禮言則爲直會或以聚辭言則爲衆會必有不得已然後會與及參見首止之會公及齊侯宋公陳侯衛侯鄭伯許男曹伯會王世子𢍰言及而後言會諸侯尊王世子不敢與同會則以公及諸侯而殊王世子也黄池之會公會晉侯及吳子先言會而後言及吳晉兩皆伯不可不先晉侯則以公會晉侯而及吳子也至吳鍾離柤向三會又言會乃以狄吳殊之不以序前會爲聚辭後會爲會禮非春秋之常而學者不曉會盟爲聚辭皆謂會而後盟及盟不會而盟夫豈有

不會而可爲盟者何必更言會必以會盟爲會禮則會伐會圍會救之類亦豈先講會禮而後爲乎直會自不當與會盟及盟同論此學者所以迷而不悟也凡盟未有不會者也會本天子時見諸侯禮之名因其有不協天子爲和解故爲盟以要之神會本不爲盟設也故周官雖有司盟之官而無正盟之禮以爲因會而見不得已而正諸侯非所以禮諸侯也是以天子以會爲主而因爲之盟乃春秋諸侯不特霸主及強國與之和解蓋有雜然命事而懼其不從者皆盟以固之如

是猶有口血未乾而叛者何有于相見之禮乎然盟非會無自而講不得須爲會則未有盟而不會者是以諸侯以盟爲主而因爲之會以盟爲主故但書盟要之會盟當與會圍會伐會救等同論不當與直會同論也不然此四者亦當講會禮而後爲乎盟會之辨惟在歃血不歃血左氏于虢會云令尹請用牲讀舊書加于牲上此不歃血也其後復云三月甲辰盟若是經何以不于三月書盟杜預知其失強謂不歃血若是則會兩盟會左氏且不知況後學哉

盟會之辨度左氏似皆不了意若以爲會必有盟盟未必有會者始入經傳公會戎于潛不知其爲直會也則曰戎請盟公辭此理或有之故不書盟猶云可也至宋公齊侯衛侯瓦屋之盟經但書盟會自在其間而左氏特出秋會于溫盟于瓦屋以溫與瓦屋爲兩地則瓦屋爲無會耶至公會齊侯鄭伯于中丘復云癸丑盟于鄧爲師期夫會盟若一事則雖先會後盟自當止書盟會以盟設自不必書也若會盟爲二事則會自會盟自盟雖併日猶當各書豈以前會而包後盟乎此入經之初

憒憒自如此故其後凡會多葢之以盟亦特言會大抵略同則左氏不特不知經書盟會之義雖當時盟會之事自不能別也

禮曰諸侯未及期相見曰遇相見于郤地曰會約信曰誓莅牲曰盟此非知禮者之言嘗聞乎春秋而不得其說者也是四名者皆非諸侯之所得爲吾固言之矣則記禮者將以是爲先王之禮乎爲春秋言之乎以爲先王之禮則未聞先王立經陳紀以正萬世而逆取諸侯之僭禮而爲之名也以爲春秋言之則禮何預于春秋

也然則是亦漢初諸儒竊取春秋之所書不知其爲僭而妄意以爲先王之制而載之禮是故君子不可以不知禮也

凡盟會征伐以國地者國亦預焉此春秋之成法如隱書及宋人盟于宿之類是也然亦有即于國外而國無預焉者僖書楚人陳侯蔡侯鄭伯許男圍宋公會諸侯盟于宋宋公在圍則諸侯會于國外宣書楚子圍宋公孫歸父會楚子于宋宋在圍則歸父會于國外也各于事攷之則見之矣此春秋之教所以貴乎比事也

劉仲原父論諸侯大夫交政于中國自爲會始于北杏自爲盟始于惡曹自爲同盟始于淸丘春秋皆貶而書人學者疑之吾獨取焉記曰屬辭比事春秋敎也凡經所書雖有凡目而常法之外特見焉者固不必待見其事聞其說而後知之也其屬辭比事固有異乎常文者矣盟會之志皆惡也記公與諸侯盟會可矣而內臣與諸侯會亦記之蓋皆有出乎公命者也記內臣與外諸侯盟會可矣而外諸侯有相爲盟會者亦記之蓋有赴于我者也至于外臣之自相爲盟會或出乎其君或不

出乎其君或來赴或不來赴魯史不可得而盡攷則春秋何用見乎取人略小故皆不著于經而惟紀子帛莒子盟于密晉士鞅宋樂祁犁衞北宮喜曹人邾人滕人會于扈各一見者魯故也此外以人見者惟前三焉大夫交政于中國則吾固略之矣而獨錄乎此者蓋以謹始也亦嘗以經攷之前乎北杏未見以人書會者至北杏而齊始與宋陳蔡邾四國皆以人見左氏以爲平宋亂者初不見其目但以前有宋萬弒捷之事意之也穀梁以爲齊侯宋公以齊非受命之伯而舉衆見疑抑其

爲齊侯突未見其書人者也公羊不爲義而何休以爲微者微者之會不志也非小白欲圖霸諸侯未之信而各以其大夫嘗之者歟吾何以知其然前未有人會者而今皆人是其爲謹始也前乎惡曹未見以人書盟者至惡曹而齊衛鄭三國皆以人見左氏謂魯以周班後鄭鄭請師于齊齊以衛佐之因爲此盟若然鄭當主盟齊不當主盟且皆師何爲而書人公羊穀梁無聞而不爲義何休獨以爲微者微者之盟亦不志也非齊狃其強使其大夫自相與爲好而擅盟者歟吾何以知其然

前未有人盟者而今皆人是其爲謹始也前乎清丘未見以人書同盟者至清丘而晉宋衛曹四國皆以人見左氏得其事故目原穀華椒孔達曹人而不知其義故以爲恤病討貳而不實其言貶不書卿然宋討貳伐陳則實其言矣何以亦人公羊穀梁無聞亦不爲義凡同盟見經十有六未有非諸侯者微者之盟尚不志況于同盟若以此爲貶則餘尚得不貶若以餘爲不貶則此安得獨貶非晉狃其強使大夫爲好而擅同盟者歟吾何以知其然前未有人同盟者而今皆人是其爲謹始

也由是言之春秋豈不有異文而特見者乎邢之盟亦以齊人狄人兩見人矣以其人狄不得不人齊也鹿上之盟亦以宋人齊人楚人三見人矣以宋襄公無德而求霸以自辱于楚不得不人齊楚也若然者義自有在春秋不嫌于同文則徐而察之此三者屬辭比事有灼然其可見者固春秋所謂微而顯者也

有盟有同盟諸侯之見天子六朝覲宗遇者四時而殊見也會同者非時而衆見也四時而殊見者常也故在廟而不盟非時而衆見者非常也故在國外爲宫四門

設壇加方明于上天子各于其方之門祀方明而盟焉何以有非時而衆見周官曰時見曰會衆見曰同又曰時會以發四方之禁殷同以施天下之政二者非諸侯見王之節王合諸侯而見之者也朝覲宗遇以禮見王而已若有征伐以討不然則命方伯連帥而諸侯從焉此之謂時會故曰發四方之禁王十二歲一巡守諸侯會于方嶽之下而受命王不巡守則合諸侯受命于王國此之謂殷同故曰施天下之政禁與政亦盟之以約信故有盟則司儀所謂將合諸侯則令爲壇三成宮旁

一門而司盟所謂凡邦國有疑會同則掌其盟約之載者也周衰王政不行諸侯不協交相爲盟不請于天子殺牲載書歃血要之以神而已此凡書盟而不言同者是也自莊公以後齊小白欲圖霸猶未合諸侯也及威令日伸諸侯之從命者亦日衆故請于天子假殷同之禮而行焉亦將施天下之政以奬王室使諸侯知所重此兩會幽所以始書同盟歟小白死宋襄公欲圖霸亦首爲曹南之役則追小白之志也

同盟之禮始于齊小白蓋方圖霸懼諸侯之未能皆聽

己亦將以假天子之令而申之使相與共尊王室故莊十六年同盟于幽小白于是霸矣至二十七年而再同盟于幽歷十有二年猶用天子巡守之節吾是以知同盟之爲用天子殷見之禮也自是不復再舉蓋霸業已成天下諸侯皆尊信之不必挾天子以爲重晉重耳溫之會天王在焉而不盟蓋欲以己盟之則不可欲使天子盟之則諸侯知其出于重耳未必肯聽故但會而已明年而諸侯之大夫會王人盟于翟泉以尋踐土之盟翟泉在王城之內而不言同盟是時王室微重耳不能

率諸侯以朝王而以其大夫請于王而就爲之則亦與諸侯之自相盟者何異又三年而重耳卒故終重耳之世不爲同盟至文之新城趙盾以大夫舉之則與小白之志異矣自是訖昭之平丘凡十有三盟皆不足言但爲僭而已公羊穀梁不知此爲竊殷見之禮或謂之同尊周或謂之同外楚者皆誤也

或問楚屈完來盟于師與高子來盟皆以制在二人故不言使雖若罪其專然而春秋之意實善之也故屈完得以名氏見楚前此以夷狄書君臣皆稱人而已至是

而始見名氏與中國大夫等其善之固可知也高子中國之大夫也名氏自其所當見故不名而字曰高子如宋言子哀者其善之亦可知也然晉趙盾納捷菑于邾弗克納亦春秋之所善乃以其專命不惟不得字又貶而稱人何哉權然後知輕重度然後知長短春秋無虛加之者也邾內自有君其爲國者自若也晉以其所出欲強廢貜且使趙盾將車八百乘而力奪之盾而從命則邾且亂矣能聞邾人之言而去之僅足免過而已則書弗克納謂力可納而不納已足以見美然違君之命

而專人國之廢置亦不可行于春秋故貶而人之與之弗克納者以趙盾言之也奪之而人者以春秋言之也是謂道並行而不相悖高傒之事則魯方亂而不能爲國使高傒而不能立僖公則魯之存亡未可知也與邾之自爲國者異邾有君吾但不敢亂之魯無君而吾爲之定其亂豈可同日而語哉故與屈完皆不言使若内言臧孫辰告糴于齊不言如者于美之間自不失其爲小貶也方齊伐楚使屈完而不能盟齊與諸侯且進伐之齊之勝敗亦未可知其事與魯略同吳子使札來聘

彼但能以禮通中國尚得見名況有利其國乎屈完之名氏猶高子之字見春秋爲法者密而爲義者深所以垂萬世而不可易也

春秋疾吳常過于楚未嘗秋毫少假之吾固言之矣楚中國有霸吳無霸非春秋莫能治之故楚爲申之會晉與魯皆不預而楚子得以爵先諸侯以中國猶有晉魯與之敵而罪諸侯之先楚子楚子以爵見者諸侯之爵亦楚之爵蓋以狄諸侯也乃吳爲鍾離與柤向之會則魯與晉皆在其間矣若以吳子先諸侯則尚有中國乎

吳固不得以會與人見不可爲文終不可使主會故會又會以殊之夫晉爲霸主而靡然從夷至春秋而爲之殊會何但楚子書爵以愧在會之諸侯晉固無與立于天下矣或曰此三會安知皆吳爲主夫會者外爲志也內書公會諸侯諸侯固有主會者今書公會諸侯而再言會吳非吳主之而誰乎先言公會自諸侯言之也後言會吳自吳言之也成十七年公會尹子單子晉侯齊侯宋公衛侯曹伯邾人伐鄭六月同盟于柯陵襄九年公會晉侯宋公衛侯曹伯莒子邾子滕子薛伯小邾子

齊世子光伐鄭十有一月同盟柯陵十一年夏公會晉侯宋公衛侯曹伯齊世子光莒子邾子滕子薛伯杞伯小邾子伐鄭七月同盟于亳城北此三書皆同文左氏于柯陵言尋戚之盟而戲言鄭人恐乃行成智武子許之盟而還至亳城北亦曰鄭人懼乃行成同盟于亳城北是鄭亦須盟也故杜預皆謂伐而書同盟鄭受盟可知若然柯陵何以不預盟乎戚之盟本以討曹成公戲與亳城北既以伐盟同爲一事柯陵不應獨異方伐鄭而遽尋討曹之役此其理自不通比事攷之蕭魚之會

亦與伐鄭繼書是時鄭背楚而從諸侯則此三書宜皆
蒙上文鄭在其間故戲之役不旋踵而楚子伐鄭其情
可見矣左氏徒見柯陵六月盟冬書單子晉侯宋公衞
侯曹伯齊人邾人伐鄭故以前盟爲未服不知亳城北
亦先盟之諸侯相繼再伐而後爲蕭魚之會蓋成襄之
間鄭往來乎晉楚初未嘗定左氏固云戲之載書曰自
今日既盟之後鄭國不惟晉命是聽而或有異志者有
如此盟子駟趨改之曰自今日既盟之後鄭國不惟有
禮與彊可以庇民者是從而敢有異志者亦如之荀偃

不能奪也而鄭人之謀曰不從晉國幾亡楚弱于晉晉不吾疾也晉疾楚將辟之何爲而使晉師致死于我楚弗敢敵而後爲固也乃相與伐宋使諸侯來伐我聽命以告于楚楚師至吾又與之盟而重賂晉師乃免矣由是言之鄭之乍叛乍服亦豈得已諸侯既不能保之而楚又不可失怵追而盟口血未乾而背之亦無足怪也凡諸侯有事前未有見槩言諸侯而不目其人者四城緣陵也兩盟于扈也會于扈也其餘如首止葵丘之盟與救許救徐前已有見而後不目者所謂一事再見者

前目而後凡也左氏于緣陵言諸侯城緣陵而遷杞焉不書其人有闕也蓋得之矣于扈之始盟則以爲齊侯宋公衛侯陳侯鄭伯許男曹伯會趙盾立晉侯以公後故不書從而爲例曰凡諸侯不書所會後也後至敀不書其國辟不敏也則與前自爲兩說至後扈盟則又曰晉侯宋公衛侯陳侯鄭伯許男曹伯尋新城之盟且謀伐齊齊人賂晉侯故不克而還于是有齊難是以公不會書曰諸侯會于扈無能爲也凡諸侯會公不與不書諱君惡也與而不書後也于扈會曰晉侯蒐于黃父復

合諸侯于扈平宋也公不與會齊難故也書曰諸侯無功也則合二說而兼之夫諸侯會盟而公不與見于春秋多矣未嘗不目其人何獨于此而異乎盟而後至是亦與盟何并諸侯而不得目乎此蓋不知貶其不能如約以爲不足序而不序故雖無緣陵之有闕扈盟之無能爲扈會之無功而于立晉侯之會則疑故復出後會與不與會之說以多求不知盾背先蔑而立靈公以大夫而會諸侯諸侯往而成之是亦其不足序者也夫罪固有輕重春秋凡書未有不舉重者若伐齊而受賂平

宋而無功使公與會或及期而至則將恕之乎若以爲不可恕則何必更論公之與否先後此可見左氏之不知經嘗聞其說而不能守故復出己意以臆之則所謂有齊難而不會與後會者皆未必有實附會以成其說也公羊穀梁于此亦皆不能了公羊于前扈會曰公失序也諸侯不可使與公盟眣晉大夫使與公盟意若以文公之過多諸侯不屑與之盟然何獨于此見之乎穀梁于城緣陵曰諸侯城有散辭也桓德衰矣至于扈之前盟但曰略之而已此皆僅知其或然而不能眞得經

之旨故其言或得或失而弗盡惜乎雖知其然而後別增益爲之辭與不知者等也公及齊大夫盟于蔇而齊卒叛之戊寅大夫盟而不書其君不序亦以此

春秋攷卷二

春秋攷卷三

宋　葉　夢　得　撰

統論

歸順辭也亦易辭也入逆辭也亦難辭也夫順則易逆則難其理固相因然亦有順而難者内有敵也亦有逆而易者内有主也順逆理也難易事也春秋雖各據其實書又有非其實而特書以見義者楚公子比入而靈王縊于乾谿以弑其君虔書之此宜以逆而書入者也然比非實弑者以比入而靈王縊因加之弑謂之逆則

不可也故書楚公子比自晉歸于楚而不言入公羊曰此弑君者其言歸何歸無惡于弑立也歸無惡于弑立者何靈王爲無道公子棄疾脅比而立之也此特書歸以見義者也齊公子陽生長而宜立陳乞迎而立之此宜以順而書歸者也然荼父命之而已以詐奪之謂之順則不可也故書齊陽生入于齊而不言歸穀梁曰陽生正荼不正不正則其曰君何也荼雖不正已受命矣入者內弗受也荼不正何用弗受以其受命可以言弗受也此特書入而見義者也言春秋者能知此然後不

以辭害意矣歸復歸入復入三家爲例各不同最爲牴牾左氏曰凡去其國國逆而立之曰入復其位曰復歸諸侯納之曰歸以惡曰復入公羊曰復歸者出惡歸無惡復入者出無惡入有惡入者出入惡歸者出入無惡穀梁曰歸易辭也又曰入者內弗受也又曰復者復中國也歸者歸其所也又曰歸爲善自某歸次之又曰大夫出奔反以好曰歸惡曰入今于經蔡季蔡人召之于陳此國逆也而不書入衛侯朔入于衛此復其位也而不書復歸趙鞅歸于晉未嘗爲諸侯所納也而書歸則

左氏例不可行矣衛侯歸而殺叔武不可謂歸無惡而書復歸欒盈不能防閑其母出奔不可謂出無惡而書復入許叔乘鄭亂而復入出入俱不見有惡而書入衛侯衎見逐于國人歸而與弑剽出入皆有惡而書歸則公羊之例不可行矣惟穀梁不爲定辭然謂復者復中國也歸者歸其所也夫豈有歸而不復其中國者乎謂歸爲善自某歸次之突之歸鄭安得爲善而蔡季自陳何以見不如突則穀梁之例亦不可行矣大抵歸入不可以一辭定而復不復又君臣不可同辭而三家一之

此所以不免終自相戾近世諸儒雖知其非而不能了惟劉原甫參取三家各別歸入爲二義以逆順難易爲辨而析君臣之位有可復不可復最爲近經吾故取之其不合者三則從變例也左氏歸入例最爲牴牾不可用吾前言之矣而學者又不能盡了或疑之不可不究其説凡善爲左氏附會者莫若杜氏也然二例杜氏委曲牽合尚不能一更爲二三況後學乎且曰凡去其國國逆而立之曰入杜氏成其説謂之國逆不知左氏之意通君臣言之乎止爲君乎若曰逆而立之此止爲君

之辭則許叔入許齊小白入齊國人皆未嘗逆之也若曰通君臣則衞晉之入左氏自以爲衞人逆公子晉于邢蔡季之入左氏自以爲蔡人召蔡季于陳然皆不書入也逆者不書入不逆者書入則何以爲例乎杜氏注惟莒去疾入于莒曰國逆而立之齊陽生入于齊曰爲陳乞所逆故書入與左氏合者二而已至于許叔入許則曰本不去國雖稱入非國逆例于鄭突入櫟則曰未得國直書入無義例于衞朔入衞則曰朔諸侯所納以國逆爲文朔以國逆告于小白入齊則曰二公子各有

黨小白稱入從國逆之文衛侯入夷儀則曰自外入非國逆之例夫辭一而或曰非國逆例或曰從國逆例或曰無義例或曰以國逆告則又何以爲例乎三家之謬未有甚于此者其曰諸侯納之曰歸此亦但見自外有奉者皆書歸故云爾不知春秋書歸納不同諸侯納自正書納不書歸也以惡曰復入此亦但以魚石欒盈爲說不知舍此二人如入于某以叛謂之惡而已乎惟復其位曰復歸一語差近然亦未嘗別其爲君之辭此皆畧聞其意而不盡使誠知復其位爲復歸則豈不知歸

之爲無位亦迷之甚矣晉欒盈復入于晉入于曲沃鄭良霄自許入于鄭宋華亥向寧華定自陳入于宋南里以叛五人皆得罪于國而出奔者也及其入也華亥向寧華定書以叛而二人不書叛至其死也不曰殺其大夫而曰晉人殺欒盈鄭人殺良霄與殺君賊之辭一施之何也叛之爲言自絶于其國而附于人者也至反而爲辭則非止外附于人而已叛不足言也故此五人者其初皆繫國而曰入于晉入于鄭入于宋夫爲吾臣而以國見别所以外之也然華亥向寧華定之入從曰任

鄭翩之謀刼華貙以召之將以外求于人而已華亥始
奔向寧欲殺太子亥曰干君而出又殺其子其誰納我
寧亦不強則二人之志亦可見矣使極其惡不過爲邾
庶其莒牟夷爾而欒盈之入也帥曲沃之甲因魏獻子
以晝入絳而乘公門欒樂死欒魴傷而後始遁良霄之
入聞子皮之甲不與攻己乃自墓門之瀆入因馬師頡
介于襄庫以伐舊北門攘國兵而向君所使幸而皆勝
則將何爲乎其異于齊無知衛州吁者無幾矣人臣無
將將而必誅春秋之法也此其所以不嫌與弒者同辭

非特以其位絶不得以大夫見也

日食之說古今莫能爲定論歷家則主度數儒家則主災異二者不能並行爲度數則非災異爲災異則非度數歷家吾所不能知即其說而以理推之日月之行本異道月陰也其光常爲陽所勝故自朔而進去日漸遠則其光每增至望而正相對則無所掩故月于是盈自望而進去日漸近則其光亦每減至晦而正相及則無不掩故月于是虧食者爲其相掩日光不得見如月之旁死魄也周天之數三百六十五度有奇日日行一度

一歲一周天月日行十三度有奇二十九日有餘一周天日月二道互相交錯月一周半在日道裏半在日道表每月一會于辰次雖異道而體相值陽盛則月不能侵日故不食陰盛則月隨多寡而侵日故食惟春分之月朔日在角望月在婁婁角天道之中日月俱行中道則體正相掩故謂之同道與冬至之月朔日在斗望月在井夏至之月朔日在井望月在斗井斗南北晝夜長短之極冬至月之極長可以掩日夏至不預焉故謂之相過梓慎以分至食乃體所當然故不爲災左氏載

之然分至亦有食不食何常之有昭七年四月甲辰朔日有食之左氏言春秋未嘗不主周正周之四月夏之二月則春分也而以爲魯衛惡之何以亦爲災乎先儒固有知其非者矣此則其説自不能通故杜預亦云春秋有頻月而食者有頻年不食者不得一一如算以守常數此但書其變而不言其故也

三家言日食皆不能了而左氏尤踈故多無文至桓十七年見其有月朔而無日始發例言官失之蓋謂見朔則日可推也夫既言日官厎日豈有朔而不知其日知

其日而不以告者乎至有朔無日與有月無日而俱不見朔則皆不爲說蓋不能辨也惟襄二十七年十二月有朔有日與桓同再發例言辰在申司歷過也再失閏矣杜預從而以長歷推之遂遷經十二月爲十一月以爲自文十一年至襄二十七年應有二十六閏止見二十四閏以實再閏之失歷吾所不知夫經書十二月爲三失閏而預爲遷十一月以應再失閏爲經誤是預寧叚經而不違傳其附會蓋可見也古者官有世業周雖衰歷官未至如是之陋歷家之常三歲一閏五歲再閏

此非有甚難而不可知者安有文襄相去七十一年之間更二十六閏失而不悟者乎日官縱失亦必有與之正者矣如杜預言斗指申爲周之九月而經爲十一月是以九月爲十一月更差不已四閏之後四時寒暑遂更相易乎

日食有月日而無朔與有月而無日與朔吾以爲日月行之差有月朔而無日吾以爲史官之失蓋春秋所記惟異耳既不以日月爲例則非義之所在闕焉可也有日月而無朔者或日行疾月行遲而過朔也公羊謂之無

或失之前而穀梁以爲食既謂食二日也或日行遲月行疾而不及朔也公羊謂之或失之後穀梁以爲夜食也二氏之言雖未必盡當要之比左氏爲近經若月朔而無日則既當其朔不可謂之差殆史官失而不書以理推之未有終月不見甲子者若後有甲子則自可逆推其朔之日而春秋不書此正孔子闕所不知之意也吾以日食爲天下記異而左氏昭二十一二十四年兩記梓愼之言皆區區欲以禍福求合天若是俄然可度哉二十一年七月食周之七月夏之五月也一陰始萌

梓慎謂至相過當食不爲災而叔輒死則罪其哭日也二十四年食梓慎謂將水左氏言八月旱推之叔孫昭子之言以爲日過分而陽猶不克克必甚能無旱乎與梓慎正相反言不爲災而反哭言水而反旱是二者皆無驗也然左氏言旱者亦非是按經雩而得雨則書雩是歲書八月大雩蓋未嘗旱也左氏欲附會昭子之言故益之言旱亦坐不通經云爾由是言之爲天下記異而欲以一國之事緣類而求之者皆妄也

或謂昭七年四月朔食在豕韋之末降婁之初爲魯衛

之間士文伯以爲魯衛當受其災大咎在衛君而魯當上卿已而衛襄公季武子連卒則日食豈皆爲天下記異乎亦各繫其國也是不然瞽史之言正使其皆驗聖人且不道況不驗乎莊十八年三月食爲夏正月日當在娵訾則衛分也文十五年六月食爲夏四月日當在實沈則晉分也成十七年十二月食爲夏十月日當在析木則燕分也襄十四年二月食爲夏十二月日當在玄枵則齊分也以傳攷是歲四國皆無災何魯衛獨然乎昭公以二國之驗而問士文伯對以六物不同民心

不一事序不類官職不則同始異終不可爲常則是說雖士文伯自不能必也

吾言經不書月食以爲常數而略之或者以爲非是謂其夜事而不書也是不然恒星不見夜中星隕如雨苟當記雖星不廢況于月乎

日食雖記異然其行既有度其合既有辰以爲非數則不可第聖人不以爲法爾將以求其過不及必先定其晦朔吾嘗問之知歷者曰春秋日食三十六自古不皆以周歷求其求而不得或以魯歷推之先一日者十三

後一日者三其餘皆不可攷是豈可以爲正哉僖五年正月辛亥朔十二月丙子朔二十四年三月己丑晦文公元年五月辛酉朔成十八年正月甲申晦襄十九年五月壬辰晦昭元年十二月甲辰朔二十年二月己丑朔二十三年正月壬寅朔七月戊辰晦此與周歷合者也故左氏多記周齊晉事則周之所頒也僖十五年九月己卯晦十六年正月戊申朔成十六年六月甲午晦襄十八年十月丙寅晦十一月丁卯朔二十六年三月甲寅朔二十七年六月丁未朔此與商歷魯歷合者也

故左氏所記宋魯事與齊晉多不同則非周之所頒也僖二十二年十二月己巳朔宋楚戰于泓周商魯歷皆先一日此楚人所赴楚歷也昭二十年六月丁巳晦衛侯與北宮喜盟七月戊午朔遂盟國人周商魯歷皆先二日此衛人所赴衛歷也惟莊三十年九月庚午朔襄二十一年九月庚戌朔定五年三月辛亥朔三歷適合此非出于一法蓋偶然爾而昭十二年十月壬申朔左氏書原與人逐原伯絞與周魯歷皆差一日則非歷之過史官之誤也由是言之歷既不同晦朔且不得其正

何暇論日食之當否哉故惟存而不論以爲雖有數存乎其間而其盈縮遲速天道亦不得爲無意則書以見其異者春秋之意也

日月之行異道月體本無光待日照而光故月之初生有旁死魄與既望而闕者皆日光之所不及光早照謂之莛光全照謂之望望爲日光所全照反奪其光者謂之闇虚此歷家之説也每望必全照而有食不食者其行異道或不相接故惟交則食交在望前朔則日食望則月食交在望後望則月食朔則日食交正在朔則日

食既前後望不食交正在望則月食既前後朔不食其食有上下者其行有高低其交而相掩密者二體相近正映其形故日光溢出而中食相揜疏者二體相遠日近而月遠自人望之月之所映者廣故日光不復見而食既大率一百七十三日有餘而一交非交則不侵犯吾不通歷學而求諸歷家說極于此故載之以正學者之所疑

日食既有常度可以數求然詩言十月之交朔日辛卯日有食之亦孔之醜又曰日月告凶不用其行以為幽

王之刺蓋雖有常度以其有食不食則食者爲災也又謂食于正陽之月爲災正陽夏之四月純陽用事之時也此皆因其有常度而著爲災不爲災之辨要之陽者君道陽微而陰得乘之爲君道之病故君子醜之亦謂之凶爾此春秋書日食之意詩云彼月而微此日而微又曰彼月而食則維其常此日而食于何不臧言月食以陽勝陰乃所當微而常者則春秋書日食而不書月食亦以此而略之也日有食之此四言者其來久矣古者言必有法若曰日食雖常度而有食不食則不可一

　

于數而廢天道是有食之者而莫知其所以然也加緩辭以終之將以見天道深遠非度數所能測故春秋取焉而先儒乃以之爲語辭非義所在其未之思也已

諸侯卒見經者九十五葬者七十皆不書會葬之人獨文葬晉襄公書公子遂如晉宣葬齊惠公書公孫歸父如齊昭葬滕成公書叔弓如滕葬晉平公書叔孫婼如晉葬宋平公書叔弓如宋葬者五凡葬皆以我往會爲文也夫豈有冒葬而不遣人者何獨記此五人乎據昭三十年晉頃公卒鄭游吉弔且送葬晉人詰之曰悼公

之喪子西弔子蟜送葬今吾子無貳何故對曰先王之制諸侯喪士弔大夫送葬惟嘉好聘享三軍之事于是乎使卿則古者諸侯會葬蓋以大夫而此五人者皆卿故以爲失禮而記之也始少姜卒游吉固往會矣梁丙張趯以爲言游吉曰晉文襄之霸君薨大夫弔卿共葬事夫人士弔大夫共葬事由是言之諸侯以卿會葬蓋自晉文襄爲之矣而此五人者正自葬晉襄公始則禮之所由失也杜預引左氏記葬秦景公言大夫如秦葬景公禮也謂公子遂葬晉襄公不言禮秦景公言禮合

先王士弔大夫葬之禮爲左氏之微文得之矣然則凡葬而不書人者皆以大夫得禮而不書也左氏特于秦景公發之者蓋秦自穆公以前未嘗與魯通至康公歸成風之襚其卒始來赴自是共公桓公皆赴于宣之世而魯皆未嘗往會葬至景公而後葬故因以著其禮而文襄之命以卿行者諸侯固亦未嘗行此所以魯見者惟五而鄭游吉亦以無貳而見詰也

死而謚今也古者生無爵死無謚此爲士言也故于士冠禮言之謂自周以前士猶不列于爵故無謚周雖以

士爲爵而亦未有謚檀弓記縣賁父之誄以爲士之有誄自此始誄者謚之辭也則以死而謚爲今者孔子爲魯莊公言之爾然則夏商大夫而上皆有謚乎未之聞也商之君言太甲帝乙仲壬仲丙之類雖君猶以甲乙第之而不言謚矣君且無謚則大夫而上可知矣蓋商之質禮文猶未備故檀弓言幼名冠字五十以伯仲死謚周道也左氏亦言周人以諱事神名終則諱之士冠禮之言雖本于士亦槩記古今質文之變是以先言天下無生而貴者繼世以立諸侯象賢也以官爵人德之

殺也謂古惟立諸侯而不以官爵人則非止士而已後世以官爵人又從而加之謚則自周而然歟周官太史言小喪賜謚而小史言卿大夫之喪賜謚讀誄則鄭氏解太史小喪賜謚指卿大夫而不及諸侯此誤以小史之言爲謚也小史斥言卿大夫者謂讀誄不謂賜謚也蓋諸侯國自有史則小史但賜謚而不讀誄太史先言大喪遣之日讀誄大喪天子之喪也則小喪通諸侯以下言矣天子以太史讀誄卿大夫以小史讀誄諸侯自以其國之史讀誄以是爲辨爾非謂賜謚不及諸侯也

曾子問賤不誄貴幼不誄長惟天子稱天以誄之諸侯相誄非禮也相誄猶言自爲誄而不出于天子由是言之天子之謚請于天諸侯之謚請于天子大夫之謚請于諸侯此其節也左氏記楚共王將死命其臣使謚爲靈若厲子囊請謚之共遂謚曰共王鄭子家卒鄭人討幽公之亂斲子家之棺而逐其族改葬幽公謚之曰靈之類則春秋之世諸侯謚未必皆請于天子然孔子槩書而不辨者蓋葬從主人雖欲辨而不可得也惟吳楚以僭王則寧併廢其葬而不書爾

周人以諱事神葬而卒哭卒哭而後諱故卒哭宰夫執木鐸以命于宮中曰舍故而諱新此謚所以必加于將葬也若未賜謚則不諱矣始死而復升屋而號曰臯某復以未諱則不嫌也子蒲卒哭者呼滅滅子蒲之名也子臯曰若是野哉哭者改之此非謂其不能諱惡其亂復也然則諸侯始死而赴以名是在未諱之前猶以人道事之爾

春秋諸侯卒未有不書名者此乃先王之舊典其不書名者皆滕薛杞宿秦左氏不知此于滕侯卒發例曰凡

諸侯同盟于是稱名薨則赴以名告終稱嗣也于杞子卒發例曰諸侯同盟死則赴以名則亦書之不然則否此皆見有書名不書名自以其意為之辭滕薛宿秦皆遠國小國也杞則用夷禮者也赴而不名小國不知禮欲尊其君而不知僭天子也而非禮者蓋以君赴于他國之君曰寡君不祿敢告于執事而不名蓋未嘗以春秋攷之也喪服小記曰復與書銘自天子達于士其辭一也男子稱名婦人書姓與伯仲非禮之言也古者始死升屋而號曰皋某復為其魂魄散而無不之也則名

而招之于天然後飯腥而苴熟此謂夫凡死者之言非天子之言也天子者一人也一人者雖鬼神不疑其貳也故天子之復不名曰天子復矣告喪曰天王登假此春秋書天王崩諸侯書某侯某卒之辨也

王臣卒見于春秋者三尹氏也王子虎也劉卷也王子虎傳以爲叔服王臣何以得外赴天子爲赴之也天子則何爲爲大夫赴尹氏天王崩天子嘗使主我者也叔服僖公葬天子嘗使來會葬者也劉卷召陵盟天子嘗使主會者也蓋古者君臣之恩厚諸侯大夫死他國之

君嘗與爲好者其君必爲之赴曰君之外臣寡大夫某死所以重大夫也雖天子亦然曰吾與同體者也故有疾君問之無算及其死也三公六卿爲之錫衰大夫士疑衰其首服皆弁經又使喪祝掌事而斂飾棺至其葬也則命太史賜謚而易名小史讀其誄比葬不食肉比卒哭不舉樂以爲其施之以禮者隆則其報之以忠者盡故曰君之視臣如手足則臣視君如腹心凡卒而赴者必弔且葬禮之稱其情者也是故諸侯承赴亦必遣使弔而會葬又況吾天子之所重者乎此周之盛時以

禮詔天下而周公之爲也春秋書變事不書常事凡禮行而不失其常者春秋不書也不幸廢其常而不行苟有行之春秋必書以見焉久矣天子不行禮于諸侯而適見于是三人此春秋所以記之也然何以有葬不葬葬之是也不葬棄禮經而慢天子也君子以是著隱與文之罪焉尹氏書卒自不礙其爲春秋之義所謂道並行而不相悖者也天子大夫以名氏見而不稱爵邑禮也故三人皆稱名氏劉卷獨得葬則定公之爲也隱與文不能葬而定能葬意者定得國而不正其猶有畏于

王畿天子寰內諸侯以爵者三曰公曰伯曰子召陵之盟卷嘗以子見大夫三世家臣得稱君通曰公與外諸侯等大夫而後得謚曰劉文公者主人之辭也

尹氏卒崔氏出奔皆舉氏以譏世卿此春秋之辭歟當時之辭歟以吾攷之尹氏吉甫最顯于宣王之時然詩曰文武吉甫萬邦爲憲又曰吉甫作頌穆如清風未嘗不舉其名也而節南山稱尹氏太師維周之氏此幽王之詩在吉甫前常武言王謂尹氏命程伯休父與吉甫同時皆不名則尹氏之族固廣矣不止一人詩人有舉

其名者有舉其氏者豈當時賢者則正名非賢者則但記其族以見強歟以類而推人情不相遠則諸侯大夫以氏見者宜亦如此古之爲禮篤于情而厚于義王臣與列國之大夫雖不許外交然嘗以君命爲好則死與奔王與其君必爲之告公羊以尹氏卒爲平王之喪嘗主我崔氏奔左氏謂有玉帛之使則告不然則否理宜有之也故大夫死赴于他國之君曰君之外臣寡大夫某死大夫遣告于諸侯曰某氏之守臣某失守宗廟至其罪而殺亦告所以重殺大夫故衛告殺孔達于諸侯

曰寡君有不令之臣搆我敝邑于大國既伏罪矣敢告

然則尹氏崔氏當時固以其名氏告而春秋特去名見

氏以示貶歟禮有國君不名卿老大夫死君不稱其名

者非此之謂蓋赴告而不名則無以知其何人君子之

言施之各有當也

左氏魯之史官而世其職或其子孫也古者以左史書

言右史書動故因官以命氏傳初但記其爲左氏而已

不言爲丘明也自司馬遷論春秋言魯君子左丘明懼

弟子人人異端各安其意而失其真因孔子史記具論

其語班固從而述之謂孔子思存前世之業以魯史官有法與左丘明觀其史記據行事以作春秋口授弟子弟子退而異言丘明恐弟子各安其意以失其真故論本事而作傳明夫子不以空言說經也其說本于司馬遷固以丘明爲名則左爲氏矣然遷復言左丘失明厥有國語按姓譜有左氏有左丘氏遷以左丘爲氏則傳安得名左氏耶至劉歆附會論語以爲親見孔子好惡與聖人同此則專門之家欲以辯求勝而非其實也據遷固自不知爲史凡目之體謂左氏創爲此傳且言爲

魯史官非孔子弟子與孔子相與共成其書今春秋終哀十四年而孔子卒傳終二十七年後孔子卒十三年辭及韓魏知伯趙襄子之事而名魯悼公楚惠王夫以春秋爲經而續之知孔子者固不敢爲是矣以年攷之楚惠王卒去孔子四十七年魯悼公卒去孔子四十八年趙襄子卒去孔子五十三年察其辭僅以哀公孫于越盡其一世之事爲經終泛及後事趙襄子爲最遠而非止于襄子不知左氏後襄子復幾何時豈有與孔子同時非弟子而如是其久者乎以左氏爲丘明自司馬

遷失之也唐趙氏雖疑之而不能必其說今攷其書雜見秦孝公以後事甚多以予觀之殆戰國周秦之間人無疑也

吾旣言左氏非丘明不可不畢其說以破學者之惑蓋有必不可誣而見之事者官之有庶長不更秦孝公之所名也祭之有臘以易蜡秦惠公之所名也飲之有酎禮之所無有而呂不韋月令之所名也今左氏記秦敗麻隧言獲不更女父乃見于成之十三年晉敗于櫟言秦庶長帥師乃見于襄之十一年虞公假道伐虢宮之

奇言虞不臘乃見于僖之五年鄭子產對晉言嘗酎乃見于襄之二十二年則安得遽先有是名乎或曰古今制名沿習各有自未必創起于一時是或然矣然臘祭也飲酎君臣之盛禮也不應兆于數百年之前而不一見此三國之史所追書爾何以知之麻隧之敗春秋本不書但言伐秦而已此後之爲晉史者增書以自誇之辭左氏狃其聞見皆信之而弗悟則左氏固出于秦孝公惠公呂不韋之後矣非特此也陳敬仲入齊至田和篡齊去春秋九十餘年而記周史筮敬仲之辭曰子孫

代陳有國必在姜姓見于莊之二十二年晉分列爲諸侯去春秋終百餘年而訖畢萬始筮仕之辭曰公侯子孫必復其始見于閔之元年周亡實三十一世七百餘年而記成王定鼎郟鄏言卜世三十卜年七百占者精于術數類非後世所能及然天人茫昧之際亦不應逆得其所代之姓氏所後之子孫與其存亡之年紀世次若合符契如是者余意此乃周秦之間卜筮家者流欲自神其藝假前代之言著書以欺後世亦左氏好奇兼取而載之則左氏或出于周亡之後未可知周公卜洛

不過言惟洛食而已使術數而果精則周公且知之矣若敬仲畢萬之事非卜筮家所記則亦田和以後魏史所追書者不然陳晉之史何爲而記之乎

班固記左氏本出于魯共王所壞孔子宅壁中然漢初張蒼賈誼皆已傳左氏則其前自見于世矣太史公爲十二諸侯表序論孔子西觀周室論史記舊聞興于魯而次春秋上記隱下至哀之獲麟約其文辭去其煩重以制義法王道備人事該七十子之徒口授耳傳指爲有所譏刺褒諱挹損之文辭不可以書見也魯君子左

丘明懼弟子人人異端各安其意失其眞故因孔子史記具論其語成左氏春秋鐸椒爲楚威王傅爲王不能盡觀春秋采取成敗卒四十章爲鐸氏微趙孝成王時其相虞卿上采春秋下觀近世亦著八篇爲虞氏春秋呂不韋者秦莊襄王相亦上觀尚古删拾春秋集六國時事以爲八覽六論十二紀爲呂氏春秋及荀卿孟子公孫固韓非之徒各往往捃摭春秋之文至陸德明爲經典釋文序遂援劉向别錄以爲左丘明授曾申申授吳起起授其子期期授鐸椒椒授虞卿卿授荀卿卿

授張蒼劉向别錄世不復見不知其有無以太史公攷之但言數子各著書爾不言其相授也今觀吳起雖學于曾子其行事絕不相類其書專以論兵尚不及司馬法何知春秋乎虞卿書傳言節義稱號揣摩政謀八篇者是也本以譏刺國家得失未有傳春秋而志揣摩者也荀卿書論春秋善胥命于蒲一事本出于公羊穀梁非左氏意亦固不出于左氏其說自與太史公相戾故趙氏以爲出于近代欲尊孔子者之妄披左氏初無師張蒼賈誼但傳其書亦未必盡見其全至曾共王所得

始備太史公從孔安國得諸侯世家多採其事以世本相參凡左氏所無者太史公亦多闕故吾疑左氏爲魯史官世守其職者春秋名史列國通用鐸椒蓋楚史虞卿蓋趙史太史公自不曉也漢初諸儒大抵皆云左氏不傳春秋雖力爲之主者亦無所附會故不得已而託之丘明以爲重至范升直以爲丘明師徒于傳又無其人可以見雖東漢盛行之時猶不能爲之辭賈逵至欲以讖緯合之而德明乃敢強論其所授固不待攻而自破也

學者多罪左氏以經從赴告而杜預解經有不通者復多因其說委曲遷就甚有疑經以爲誤者夫以經從赴告固非矣若謂皆不從赴告則經何由得其事乎經者約魯史而爲者也史者承赴告而書者也諸國不赴告則魯史不得書魯史所不書則春秋不得載然赴告未必皆以實篡弑而立與大夫弑君而更立君者天下之大惡也必有加之辭而不自言者如左氏記楚麇齊陽生等實弑而以瘧疾赴者是也當時史官知其妄必亦攷其實而後載之策古今人情不能相遠則事之是非

固已定于承告之初也設史官有傳聞之謬或懷私意爲之損益孔子知之亦必有爲之是正者若但據其文而不革則何用爲經乎一國之史各以記其一國之事而已他國非來告與過我者皆不書理所宜然也其餘容有不暇告與有故不通而不來告者是亦告則書不告則不書也而左氏皆雜取他書參之雖魯史改葬惠公公子豫盟于翼京師來告饑之類皆以爲實或以公弗臨或以非公命不書爲義杜預釋京師饑亦以非王命附上例三者是非固不可知然即其間言翬與公子

豫左氏同以爲請師公不從而專行者也而經見翬伐鄭不見豫盟翼書翬而不書豫則何理乎春秋者別嫌明微定天下邪正將使亂臣賊子聞之而懼者也今十室之邑同罪異罰倘不足服其衆謂春秋爲萬世法而爲之其亦不足信矣由是言之三者皆非魯史左氏妄益之也推之他國可以類見吾故以爲春秋從史史從赴告赴告之是非已定于初其有不實孔子必有以覈之可正則正不可正則闕之而已故曰蓋有不知而作之者我無是也

春秋攷　卷三

凡左氏載事與經背者不可槩舉吾初以爲理可妄推事不可妄爲審無是事左氏安敢鑿爲之說及反復攷之然後知左氏之好誣眞無所忌憚猶之六國辯士苟欲借古事以成其說雖率其意爲之不顧也經書鄭伯髠頑如會未見諸侯丙戌卒于鄵據左氏言則鄭僖公爲太子與子罕適晉不禮焉又與子豐適楚亦不禮焉及朝晉子豐欲愬于晉廢之子罕不可乃止至會于鄬子駟相又不禮焉侍者諫不聽又諫殺之及鄵子駟使賊夜弒僖公而以瘧疾赴于諸侯是以臣弒君而經不

顯其實也經書莒人弒其君買朱鉏據左氏言莒犂比公生去疾及展輿既立展輿又廢之犂比公虐國人患之展輿率國人以攻莒子弒之是以子弒父而經不正其名也惡孰大于弒父與君經書云爾而左氏敢特異若據經言則子駟之事蓋全無有犂比之死亦不當以國人首惡是可信乎或曰春秋初但據會史赴告之辭爾二事各見于國史經成而後出左氏追附之者也此亦不然髡頑之弒諱而以瘧疾赴謂之非實可也犂比之弒初不言諱以莒人告㪅曰展輿率之則實矣罪狀昭然

如是其明春秋豈以犁比之虐而後展輿之誅乎

左氏載仲尼曰君子曰兩者不同君子即孔子似是其弟子所記或當時尊之者之傳然未必皆實或有所附會不可盡信如趙盾事仲尼曰董狐古之良史也書法不隱趙宣子古之良大夫也爲法受惡惜也越竟乃免此語公羊穀梁不載今謂董狐書法不隱爲良史可也謂趙盾爲法受惡方加以弑君便進以良大夫固已不倫然猶云可也至于越竟乃免則于理爲大害夫春秋論實弑不實弑爾實弑者以法而正書弑非實弑者以

義而加之弑今以盾非實弑責其不討賊而加之弑則自不當論免不免縱越竟而反不討賊亦當加弑矣若實弑者在國亦誅越竟亦誅無所逃于天地之間尚何以越竟爲限乎此乃晉史盾之黨爲盾辭而假之孔子左氏不能辨也故其載黃狐語略而不全公羊曰人弑爾君復國不討賊此非弑君如何穀梁曰反不討賊則志同志同則書重非子而誰今非子而誰語三家略同而左氏獨略去入弑爾君及志同書重之言直曰亡不越竟反不討賊非子而誰若此即是乃與聞乎弑者矣

安得更有爲法受惡之事乎以是推之凡左氏稱仲尼君子之言學者要當折之以經參之以理而後可信也公羊穀梁二書漢初以來皆不見其正所從出自東漢讖緯之書行妖妄附會之徒始皆假託其言鄙俚不經之極而後世學者不能盡知其故猶以爲惑故言孔子始作春秋以哀十四年獲麟之後因得血書端門之命使子夏等十四人求周史記得百二十國寶書九月而成始于春終于秋因謂之春秋其說出于所傳感精符攷異郵說題辭者大抵如此故又爲春秋屬商孝經屬

參之論以子夏爲春秋受學之宗公羊穀梁皆親受子子夏以公羊爲名高傳其子平平傳其子地地傳其子敢敢傳其子壽漢景帝時壽始傳其門人胡毋子都與董仲舒方著于竹帛者戴宏序云也以穀梁爲名俶或曰赤傳孫卿卿傳申公申公傳江翁其後有榮廣漢宣帝時又傳蔡千秋者孝經說云也今見于西漢書者有胡毋生董仲舒榮廣其餘皆無聞又謂仲舒弟子眭孟嚴彭祖顏安樂陰豐劉向以次相授今西漢書惟見眭孟顏嚴劉向范甯記魏晉以後言穀梁者有尹更始糜

春秋攷　卷三

信江熙徐仲氏徐乾等十家今皆略見于其注所謂集解者信乎柳子厚言出汗牛馬入充棟宇者也然公羊書成于何休穀梁書聚于范甯其爲說雖多而大略可見讖緯之說未必起于董仲舒然再傳而爲眭孟則已全入于陰陽家者流仲舒固有以啓之矣不幸何休書行而後世卒不能奪范甯雖主穀梁知三家之皆不得正以爲傳以通經爲主傳有殊說不得不棄所滯擇善而從蓋得之矣然亦謂春秋初成先王之道既宏麟感化而來應因事備而終篇則亦范甯之言也是以楊士

勛證鄭衆賈逵之徒謂春秋約以周禮修母致子故獨得麟從隱至哀文武之道協嘉瑞來臻嗚呼其言亦妖矣立經之始尚不能正其本況其末乎故吾獨取左氏傳序孔子自衞反魯作春秋至獲麟而終者以記禮者之言攷之奠楹之夢孔子自謂明王不作而天下孰能宗予王者之事孔子蓋自任之矣此其爲作春秋之意庶幾乎其實而杜預適得之也公羊穀梁先儒皆以爲子夏門人此固不可攷漢初謂公羊爲齊學蓋其傳出于江公江公齊人謂穀梁爲魯學蓋其傳出于申公申

春秋攷　卷三

公曾人今二書解經之體大抵皆相類而義亦多同其所從來者蓋不遠皆深于左氏而穀梁所得爲尤多故主穀梁者以曾學爲正左氏自以其意爲説而不能皆通意之所不及則不能言也故解經者無幾而最疎公羊穀梁孔門弟子而以次授經者也而未嘗見史不得其事之詳間有因經而得事者則著之其不得者不能知也故解經之義有不與事合者不免相反左氏于隱公之始初亦若欲解經者鄭伯克段事爲最詳曰段不弟故不言弟如二君故曰克稱鄭伯譏失教也不言出

弃難之也不書城郎非公命之類不書之例一年間七發又公子益師卒不與小斂故不書日亦欲以日月為例然其後不復皆爾間一見之而已以其不盡通故也則左氏不傳經于此可見矣公羊穀梁言作三軍或曰天子六師諸侯一軍或曰古者上卿下卿上士下士皆漫為之辭無所堅決蓋不知三軍本末若此類甚多則二氏不見史亦可見矣漢興公羊最先傳景帝時已立博士穀梁至宣帝好之始列于學官而左氏雖傳于張蒼賈誼久而不顯及王莽受禪而後盛則三家之盛衰

皆出于時君所尚本不以是非爲斷也

漢興春秋始見于世者魯申公傳穀梁學于江公而董仲舒爲公羊公孫弘亦本出公羊相與論難武帝遂尊公羊以授戾太子而太子復私問穀梁學而善之故宣帝立復尊穀梁劉向蕭望之韋賢夏侯勝等相與左右穀梁學始盛行以今攷之二學本不甚相遠同者十八九異者亦或更相竊取而附益之不知二傳當時何以各爲專門如是其嚴乎漢書藝文志載公羊穀梁傳各十一卷而公羊別出外傳五十篇章句三十八篇雜說

八十三篇顏氏記十一篇董仲舒治獄十六篇議奏三十九篇穀梁別出外傳二十篇章句三十三篇今所見者惟傳爾左氏但有發微二篇班固蓋謂魯史官以周公禮文備物有法孔子與丘明觀史記據行事仍人道作春秋丘明乃論本事作傳明夫子不以空言說經大抵因緣太史云此東漢諸儒主左氏者之言也至何休始爲公羊作訓詁是時前諸書宜猶在休必擇其尤者著之而其言多本讖緯爲張三世新周故宋之論其盡出于公羊本書不可知而其譎怪不經之端則吾嘗謂

董仲舒有以啓之矣甘忠可所作天官歷包元太平經等蓋讖緯之始未必不自仲舒眭孟李尋等爲之左氏自劉歆後鄭興賈逵之徒相傳至西晉杜預遂盡集諸家以爲注然預知爲左氏而已委曲遷就不擇是非惟傳之從其有不合寧謂經誤不指傳過尚知有經乎惟范甯晚出致意于穀梁參取一時名士之言折衷其所未嘗不專溺其私亦時以斥穀梁之失惜其學不廣識不明不能造其極也今不幸學者既亂于三家而何杜范又從而撓之況近世紛紛不知而作者乎何休作左

氏膏肓穀梁廢疾公羊墨守而鄭氏又爲箴膏肓起廢疾發墨守箴膏肓世猶有全書起廢疾亦畧于穀梁注見之惟發墨守無傳苟粗知經者觀其書可以自知其得失矣

漢宣帝既主穀梁學甘露中召五經名儒蕭望之等大議殿中平公羊穀梁同異各以經處是非公羊家多不見從乃復召許廣王亥議三十餘事蕭望之等十一人各以經誼對多從穀梁由是穀梁學始興左氏本出孔子宅謂之古文而未及行但藏于祕府而已太史公書

所以時載左氏事蓋從孔安國受書併得之當時爲左氏學者但以其多古字古言傳訓詁而已故劉歆詆諸儒亦以其謂左氏不傳經至劉歆乃始引傳文以解經轉相發明以爲章句由是言之西漢諸儒本不以左氏言經也東漢韓歆欲立左氏博士而范升言出于丘明師徒不祖孔子者豈得言親見夫子好惡與聖人同哉升奏左氏之失及太史公書違戾五經不可錄者共四十五事陳元等謂升等所言皆斷截小文媟黷微辭以年數小差掇爲巨謬遺脫纖微指爲大尤左氏因復得

立則二書興廢但在其黨强弱爾賈逵從其父傳左氏條例二十一篇蓋出于劉歆如蔡仲紀季伍子胥叔術之屬三十事以爲君臣正義父子綱紀其餘同公羊者十七八或文簡小異不害大體爲左氏深于君父公羊多任權變然區區所以求勝者乃以劉氏爲堯後左氏獨有明文少昊代黄帝堯爲火德亦左氏之言爲合圖讖嗟夫眺謂春秋而鄙夫妖妄乃至是乎後世學者溺其文不究其理至于今蔵之無足怪也自范甯爲穀梁合三家以論其失始有尊經之意至唐啖趙出而後三

家始通爲一惜乎其爲集傳者不可得而見陸淳纂例出于趙氏趙氏發微出于啖氏自兩漢以來獨此三人道不終廢安知經廢千餘載之後乃有能見其端者乎三家解經蔽于所聞不知其誤而因以失之猶云可也蓋有初無是事與是義妄臆取之者焉左始入經未知經書用兵不言使之例忽見隱四年書翬帥師會宋公陳侯蔡人衛人伐鄭遂爲之說曰宋公來乞師公辭之羽父請以師會之公弗許固請而行書曰翬帥師以爲不出公命而翬爲之十年再見書翬帥師會齊人鄭人

伐宋猶未悟也復爲之説以中丘之會爲師期羽父先會蓋前見公會齊鄭後見翬會齊鄭而不見公以爲不待公期而自往會也至莊書公子慶父帥師伐於餘丘遂不爲義蓋自是卿將而師衆者皆書帥師不可人人皆專而非君命即置不論則前爲翬之二事豈皆事實哉此不知其義而妄臆之事者也蔡平公廬卒世子有之子朱立費無極取貨于隱太子之子東國而逐朱復立東國左氏云然經故書蔡侯朱出奔楚蔡君蓋有朱又有東國也穀梁傳之説以朱爲東不知其爲二人也

意東國而貶其名則曰東者東國也何爲謂之東也王父誘而殺焉父執而用焉奔而又奔之曰東惡之而貶之也春秋豈有二名去其一字以爲貶者哉此不知其事而妄爲之義者也由是觀之以左氏爲傳事而可據乎則無其實而附益之有如鞏者以穀梁爲傳義而可信乎則非其說而臆取之有如東者學者亦可以少警矣或曰三家既多牴牾則所載之事所釋之經類不可據乎曰不然去孔子久不幸不得親見若不求之先儒以攷其從來是妄人也近世言經之弊類多屏傳注而

私己見使己之學誠可與三家等其去之千餘載尚不若其近孔子傳之者多然三家猶且牴牾今固可無所傳而自謂得之乎孫氏盡屏三家及禮學一以經爲主其爲尊經則嚴矣然經所不見者何自而明而禮所不可廢者將遂亂也歐陽氏排信傳之過以趙盾許止皆爲實弒而不用傳其爲信經則篤矣然弒卽爲弒殺卽爲殺春秋乃記事之書而義例安所寄也吾謂學者但當虛己以求其是而已耳深不流于鑿淺不流于俗博不溺于迂私不蔽于黨異不狃于奇高不縱于誕去此

六者而眞理自出其于三家先以可從之心求于義參之以事而不合焉然後棄而從事先以可信之心資于事攷之以義而不通焉然後棄而從義乃爲善學三家

孟子言盡信書不如無書其論固當然以血流漂杵之事爲證則孟子讀武成自亦不審且武成言前徒倒戈攻于後以北則漂杵之酷乃紂之黨自相屠戮豈武王所爲乎乃知讀書之難孟子猶不免誤學者何可忽也

古者以子稱人皆事師之辭非特孔子然也論語載孔子諸弟子或以名或以字惟曾參有若則曰曾子有子

學者謂二子皆嘗繼孔子爲師以孟子攷之有若之事固有證也公羊穀梁吾不知其所從受然其書穀梁間有稱尸子沈子公羊稱子沈子子北宮子子司馬子子女子魯子高子等必皆其所受學者也是其淵源皆出于孔子者耶抑各以其所聞而自相傳受者耶然而穀梁載尸子言初獻六羽曰始厲樂矣則非經意也而公羊載魯子言晉文公會温爲温近而踐土遠故不言狩高子言遂婦姜于齊爲聚乎大夫故略之北宮子言晉執戎蠻子爲辟伯晉而京師楚司馬子言齊人伐山戎

春秋攷　卷三

爲操之急子女子言齊仲孫爲吾仲孫其去經意皆遠甚則二氏其亦多門而莫知所從歟使數子皆出乎孔子或孔子門人必不如是駁矣由是觀之二氏不得見魯史不知事之實徒以義傳之以求合乎事其乖迕旣如此左氏雖得見魯史而又以他國之書亂之妄自信其臆決而無所自則事義于三家皆不可盡據吾是以知非通經者不可以自擇乎其間也

春秋攷卷三

春秋攷卷四

宋　葉　夢　得　撰

隱公

古者謂人君即位之始年不曰一年而曰元年歲之始月不曰一月而曰正月自堯舜以來見之矣元年之稱見于伊訓正月之稱見于舜典非春秋創爲之文也蓋君天下之道必慎其始一者數而已聖人不以一第之而曰元曰正者所以慎其始也元者天運之見于氣者也易曰大哉乾元萬物資始乃統天論元之大體蓋萬

物莫不資焉雖天亦在其範圍之內若以事攷之則散而爲亨與利貞之四德而獨居其先者也故元者善之長也而君子所以長人者必體乎仁仁者元之用也即位之始年謂之元年將示爲人上者必如天之元而後可以有其位也貞者四德之終易曰貞正也四德以貞爲本故曰事之幹也而君子體之貞固足以幹事蓋推而上之天地之道以貞而觀日月之道以貞而明則夫天下之動非貞孰能一之乎夫以貞爲幹則枝葉自是而出者無不皆有所本聖人欲成元之善者固不可舍

貞而正也春秋以堯舜之道示後世是以謹是二言而不敢有加損其舉王于二者之間則春秋之法也天子諸侯既合以其世即位則元年者天子諸侯之所同也諸侯受命于天子必自正月始故協時月正日以爲之歷而頒天下使無不從我而一則正月者非諸侯之所得與也春秋立法加王于正月之上曰王正月則王固不得不先正于上曰王之正月則諸侯固不得不稟其正于下而萬世之義盡矣三家初不盡明此左氏爲周正月以別夏商其陋固不待言穀梁但以無事必舉正

月爲謹始而不知書王之大法惟公羊以先言王而後言正月爲大一統略得其意而未盡漢與公羊學首傳董仲舒爲之冠其曰一者萬物之所從始也元者辭之所謂大也謂一爲元者視大始而欲正本也又曰春者天之所爲也正者王之所爲也其意曰上承天之所爲而下以正其所爲正王道之端云爾以元爲大烏在其爲正本也謂正爲承天烏在其爲書王也至何休遂以公卽位爲春秋以元之氣正天之端以天之端正王之政以王之政正諸侯之卽位以諸侯之卽位正竟內之

治五者同日並見相須成體于是爲五始之論蓋全本于讖緯上強取天之端而下附益以竟内之治此亦豈公羊之意哉公羊之意且不能知何暇議經吾以是知治春秋之難也杜氏雖不祖公羊其言凡人君即位欲其體元以居正故不言一年一月此亦未嘗以尚書攷之也春秋之旨惟四時各加于首月以謹天道書王于正月之上以立王法二者乃爲新意四時各加于首月亦不可以春獨生義讀春秋者每以是六言觀之則深不爲穿鑿淺不爲疏略矣

左氏言惠公元妃孟子卒繼室以聲子生隱公又娶于宋故仲子歸于我生桓公杜預謂聲子者孟子之姪娣（案：孟原本訛作仲今據杜注改）諸侯元妃死則次妃攝治內事不得稱夫人故謂之繼室此于禮無見獨公羊以爲諸侯娶一國則二國往媵之以姪娣從諸侯一娶九女諸侯不再娶杜預之言或出于此則諸侯不得再娶矣魯臧宣叔娶于鑄生賈及爲而死繼室以其姪此姪娣得爲繼室之諡也且姪娣雖得繼室攝治內事而不稱夫人今言繼室以聲子聲諡也如成風敬嬴之類則惠公蓋成其

爲夫人矣夫既有夫人又何娶于宋乎惠公而欲再娶則必不以聲子爲繼室死而又加之謚既以聲子爲繼室則必不更娶于宋二者不能並立則左氏謂惠公娶于宋者未可據也蓋仲子左氏不知爲惠公母而以爲桓公母故附會云爾然則桓公之母蓋聲子之次也惠公受之欲以桓公奪隱公而以聲子爲繼室隱公又長故終不敢爾使諸侯得再娶而惠公娶于宋在聲子之後則仲子可名以嫡夫人桓公可名以嫡子矣又何難而不以奪隱公春秋亦何以與隱公之得立乎劉原甫

以禮宗子雖七十無無主婦謂諸侯必再娶不然無主婦以元妃死而不立繼室也既有繼室攝治內事是亦主婦但不得名夫人爾又援武王生成王之年爲非嫡后所出必再娶亦不然武王有亂臣十人而天下治邑姜在其閒則武王有天下邑姜尚在也安知成王必邑姜所出而非庶長乎此皆未足以爲證若晉平公娶齊少姜而卒魯昭公欲弔之晉侯辭公曰非伉儷也請君無辱鄭游吉送葬曰嬖寵之喪不敢釋位而數于守嫡其後齊復請繼室于晉則晉雖娶齊亦未敢以爲嫡夫

人諸侯亦不以嫡夫人處之可以見當時之制則使惠公雖實嘗娶宋亦安得以爲嫡也仲子事吾固疑其非是而史記載惠公嫡夫人無子賤妾聲子生隱公隱公長爲娶于宋宋女至而好惠公奪而自妻之生桓公登宋女爲夫人以桓公爲太子及惠公卒爲桓公少故魯人共令隱公攝政乃全與左氏所載本末不同凡司馬遷所載春秋時事大抵皆近于左氏而魯世家于仲子何爲獨不取于隱桓疑當時先秦故書又有爲此說者故遷用以爲正益知春秋事諸家所聞各異要以近經

者爲得則穀梁之言爲有證也

杜預以聲子爲孟子之姪娣諸侯始娶則同姓之國以姪娣媵元妃死則次妃攝治內事猶不得稱夫人故謂之繼室則姪娣即媵媵即次妃而諸侯不得再娶也論考仲子之宮又云惠公以仲子手文娶之欲以爲夫人諸侯無二嫡故隱公成之爲立宮是許諸侯得再娶而不得爲夫人也夫安有娶而不得爲夫人者乎且旣以聲子爲繼室攝元妃治內事又再娶仲子則何以名之蓋杜氏自不能了此前論參取公羊諸侯一聘九女諸

侯不再娶之意相與附會後論仲子辭窮則又許其再娶忘其自相違戾至言姪娣爲媵亦非是媵于天子爲三夫人于諸侯爲二世婦本不同姪娣姪娣之制不盡見于後世而媵姪娣禮亦不詳吾固言之矣諸侯不得再娶于禮無正文盡出于公羊曾子問記孔子之言曰宗子雖七十無無主婦非宗子雖無主婦可也此謂主祭也以類推之諸侯若不得再娶則安得每有夫人乎吾固以爲攝矣禮昏義天子后立六宫三夫人九嬪二十七世婦八十一御妻以當公卿大夫士之數而曲禮

公侯但云有夫人有世婦有妻有妾而不言數公羊言諸侯娶一國則二國往媵之以姪娣從姪兄之子也娣弟也諸侯一聘九女故爲不再娶之論按天子后之媵三則三夫人是也三夫人各有姪娣三則九嬪是也合三夫人九嬪是爲十二由是等而下之其降殺以三諸侯夫人之媵二則爲世婦者當二也夫人與世婦各有姪娣二則謂之妻者當六也合夫人與二世婦六妻是爲九天子之后尊矣故不在十二女之數諸侯降于天子故夫人同爲九女以婦職名之則天子曰后曰夫人

曰嬪諸侯曰夫人曰世婦曰妻而通謂之妃以配嫡以别兄子及弟言之則曰姪娣合言之則曰媵夫既以是爲定制矣則周官九嬪不列其數以爲有其人則充無則闕曲禮公侯夫人世婦妻妾不列數義亦同此無其人尚不得充而况過之乎若許之再娶則其爲媵姪娣有不可廢者是與其舊而兩之也豈正家遠色之道乎古者天子在喪則使冢宰攝君百官總己而聽之君猶可攝也若王有故不與祭祀則大宗伯攝位太宰攝之則謂之宰祭大祭祀王后有故不與則大宗伯攝而薦

豆籩徹大賓客則攝而載祼后夫人之職莫大于祭祀方其無恙天子猶且得使冢宰攝則后夫人死而以媵攝之不亦可乎所謂攝者攝其職非攝其位猶冢宰之攝君有也以是而言則公羊之言爲有證矣春秋之時凡諸侯三夫人皆曰妃有元妃有二妃有下妃亦曰少妃故左氏稱惠公孟子爲元妃而記子叔姬妃齊昭公于邾文公見元妃二妃于陳哀公見元妃二妃下妃又謂鄭姚子爲少妃此三夫人之别也夫人稱元妃死則以二妃攝行其事皆曰繼室所謂繼室以聲子者也何

知攝之二妃為媵也據左氏言臧宣叔繼室以其姪媵姪娣同為九女則媵固得為之矣是以同謂之繼室晉靈公卒晉人議立君趙孟以辰嬴班在九杜祁以狄故讓季隗而己次之班在四則諸侯九女之證也齊小白之夫人三曰王姬徐姬蔡姬長衛姬少衛姬鄭姬葛嬴密姬宋華子凡九人而謂如夫人者六人則通三夫人為九女之證也齊侯娶于魯曰顏懿姬無子姪鬷聲姬生光則夫人有姪娣之證也晉獻公伐驪戎以驪姬歸生奚齊其娣生卓子則世婦有姪娣之證也是先王之

遺制猶有可攷者乃衛莊公娶于齊東宮得臣之妹曰莊姜又娶于陳曰厲嬀晉獻公娶于賈又娶二女于戎曰大戎狐姬小戎子則違禮而再娶矣

隱公之事三家所載不同吾皆不敢以爲然獨取于穀梁而不盡用其說者推經以爲正也蓋左氏以隱爲攝穀梁以隱爲讓公羊以桓爲敵夫三名豈可以苟得哉古者君薨嗣子諒闇居廬百官總已以聽冢宰謂之攝攝者有君代之行事之名也故成王立幼未能臨位周公抱之負斧扆以朝諸侯凡政令必稱王焉亦謂之攝

隱公既已南面稱君有其位者十一年國人諸侯皆稱之公矣而桓未嘗有位也是焉得名攝哉左氏但以隱嘗立桓爲太子而奉之夫太子與君不並見也正使如左氏所言隱爲君而桓爲太子自不可言攝況其事未必然乎則左氏謂攝者不可據矣讓者己所當得不自有而推之與人之名也堯有天下而推之舜舜有天下而推之禹謂之讓故周之有國泰伯不自有而推之仲雍仲雍不自有而推之季歷泰伯終謝而去焉以授于文王故孔子曰三以天下讓民無得而稱焉隱誠長而

欲以與桓則去而逃之如吳泰伯可矣既已即位稱君號令征伐無不自己出而桓猶爲公子也是焉得名讓哉穀梁但謂不取爲公而將以讓桓遂以爲讓夫讓安可以探先君之志而特爲之哉其曰欲致國焉者徒爲之名而已則穀梁謂讓者不可據矣至公羊以桓爲幼而貴必以桓爲嫡其失與左氏同而謂將平國而反之桓必以隱爲讓其失與穀梁同是三家者皆未嘗得其事之實而又不能以經斷也今吾出于千載之下亦安知桓之嫡與非嫡隱之當立桓與否哉徒見元年隱得

書正月則知隱之正當立也自二年後終其身不書正月則知隱之欲致國于桓之非正也正而當立則不可以言攝欲致國之非正則無取乎讓惟穀梁所謂先君既勝其邪心以與隱矣已探先君之邪心而遂以與桓爲成父之惡者此言爲近實則以立桓爲邪志者桓非嫡也以與桓爲成父之惡者隱非正也故善言春秋者不得于義則求于事故吾以晉侯執曹伯畀宋八者爲闕文不得于事則求于義故吾以桓非嫡而隱不當致國爲不正吾之于春秋亦如是而已矣三傳言隱公之

事既不同其釋經亦意各異左氏曰爲其少故也吾將授之矣此但記隱之欲讓桓而已而不言經之予奪左氏不傳經宜其不能知公羊曰隱長又賢諸大夫扳隱而立之隱于是焉而辭立則未知桓之將必得立也且如桓立則恐諸大夫之不能相幼君也故凡隱之立爲桓立也詳二傳之意似爲惠公欲立桓而諸大夫與隱公恐桓幼不能爲國又恐己終辭而桓或爲他公子所奪故己不得已而攝君爾未論其讓惠公欲立桓而諸大夫立隱則已廢其君之命矣大夫廢君命而已從之

雖曰爲桓己獨無廢父命以爲嫌乎尚何論正不正也惟穀梁曰先君之欲與桓非正也邪也雖然旣勝其邪心以與隱己探先君之邪志而遂以與桓則是成父之惡也若爾隱之立乃受于惠公諸大夫與其攝皆無與焉以經意攷之則穀梁之言爲近貫蓋均非嫡也惠公以隱長且賢雖愛桓而不敢私隱乃爲讓以取禍是惠公授以正而隱承之以邪故二年以後終篇不書正月所以治隱而穀梁以爲春秋貴義不貴惠信道不信邪者惟能察事之實所以能盡經之義也公羊旣以隱爲

諸大夫所立于是創爲桓幼而貴隱長而卑之論而爲說曰立嫡以長不以賢立子以貴不以長桓何以貴母貴也母以子貴子以母貴何休從而言禮嫡夫人無子立右媵右媵無子立左媵左媵無子立嫡姪娣嫡姪娣無子立右媵姪娣右媵姪娣無子立左媵姪娣吾考于禮皆無見不知何休何所據而又強謂隱桓母皆媵而桓母爲右媵此乃以意臆之以成公羊之說而已且立嫡以長不以賢猶可也立子以貴不以長此何理乎貴賤之辨爲嫡庶爾安有于媵姪娣之間又以左右爲貴

賤者天子諸侯無適子其立庶子德鈞以年年鈞以卜古之道也故周官大詢之禮三詢立君居其一未有不問賢否而但以衆妾之左右爲先後者立嫡之不以長幼賢否此防爲自賢者以庶奪嫡非聖人之得已也若均庶子安得不先賢以聽國人之所與乎衞人立晉春秋尚許之況隱公受命于父吾以是推之不惟失經之意又以見三傳欲成其說而增損事實以相遷就者其弊不獨左氏爲然也

邾儀父曾附庸也附庸之名見于詩其制見于禮王制

孟子而不詳周官載邦國之法甚備而無附庸春秋有附庸之國而經不載其名學者多不能了王制曰公侯田方百里伯七十里子男五十里不能五十里者不合于天子而附于諸侯曰附庸此其大略也孟子之言正同而周官大司徒職方氏乃言諸公之地五百里其食者半諸侯四百里諸伯三百里各食其三之一諸子二百里諸男百里各食其四之一鄭司農謂此兼附庸食者食其租稅餘者其附庸以屬天子積而數之雖男國百里食四之一爲五十里故鄭氏謂與今五經家合自

子而上皆過其正封之數康成謂皆封國正數附庸又居其外嫌王制與周官不合乃言商因夏爵三等有公侯伯而無子男武王更立五等爵地猶用商制至周公斥大九州之界始併其地廣之以合大司徒職方氏按武成言反商政政由舊列爵惟五分土惟三孰謂商無子男至武王始立乎孟子曰天子之地方千里諸侯之地方百里周公封于魯爲方百里地非不足而儉于百里今魯方百里者五子以爲有王者作則魯在所損乎在所益乎子產曰天子之地一圻列國一同自是以衰

今大國多數圻矣若無侵小何以至焉以此觀之周固未嘗有廣于百里之地百里之外皆僭有也而況五百里正使如先鄭說兼附庸亦不應百里而倍者四附庸反多于正封是五服之內附庸之國多五等之國少矣康成必欲成其說故以開方之法積之又謂公無附庸侯伯而下有附庸别爲九同七同五同二同之制後言魯于周法不得有附庸且既曰諸侯牧正帥長及有德者得有附庸矣而公獨以地廣不得有可乎曰侯附庸九同魯侯爵也反謂于周法不得有其言自相錯謬殆

不可曉吾以王制武成孟子子產爲證則周五等國至百里而止矣未之有加也若附庸則惟公得正有也皆因其閒田與諸侯有罪所削之地附之于其鄰有功德者賜之初不以爲常此詩所謂錫之山川土田附庸者也至春秋之世王政不行無復有閒田地之賜而諸侯以大幷小各以自廣無復限斷故孟子以爲取彼子產以爲侵小其存而曰附庸者皆先世之舊或奪人之國屬之以爲己有者也若司徒職方氏所言則孟子所謂諸侯惡其害己而去籍者私自益其文爾蓋在孟子之

時固已謂其詳不可聞況于後世乎開方之法不見于經大司徒言五百里而下五等之國初不言開方之積故二鄭自爲兩說至職方氏言邦國千里封公以方五百里則四公而下蓋開方之法然謂之四公六侯之類則非實數也假千里之地言之以爲積其數者如是爾故康成亦以爲設法以待有功之言吾意大司徒言建邦國縣師言造都邑量其地而制其域者卽開方之法後世因竊之則爲五百里而下五等之國豈別以益其文乎王制之書駁矣獨言封國之制與孟子合宜爲近

正故其末槩言方千里者爲方百里者百而其下列封方百里封方七十里封方五十里而無五百里五等之數此乃先王開方制地域之遺法所以相繼言名山大川不以封其餘以爲附庸閒田諸侯之有功者取于閒田以祿之其有削地者歸之閒田附庸少而正封多亦近于人情尤可見大司徒職方氏所言妄無疑也蓋先王以五等諸侯兼附庸不積附庸以爲五等諸侯康成不悟此乃以爲諸侯有功則受公地自四百里而進附庸九同伯有功則受侯地自三百里而進附庸七同等

漫然皆無所據夫謂有功而加地可矣豈必足其數而遞進之乎至于公之地五百里進則逼天子故復爲公無附庸之說左右遷就惟其意之所欲而歷世諸儒方守之而不敢易其不能辨周官之非亦無足怪矣

三代迭興五等諸侯非有大過誅滅皆因而不易孟子言周公滅國五十則非此五十國皆商之舊所謂附庸者亦包于其間矣其不能五十里或初封自不足其數或有罪而削之或弱而爲強大所侵皆不可知至周自積其閒田與削地所入以錫其諸侯者則疑各使其所

附之國擇其臣之賢者或有功者而君之焉而于經無見宣十二年楚子滅蕭杜氏以蕭爲宋附庸國而孔氏疏以爲蕭大夫大心平宋萬之亂宋桓公封叔于蕭爲附庸此或有之周官典命言公之孤四命以皮帛眡小國之君小國之君子男也先鄭謂九命上公得置孤卿一人而無所據但因文以爲說爾說者以爲即附庸之君以吾攷之其言是也孔子言顓臾在魯邦域之中爲社稷之臣此所謂附庸則大國皆得臣其附庸矣大宗伯六瑞等邦國至男執蒲璧而止繼言六摯等諸臣首

曰孤執皮帛大宗伯所謂諸臣即典命所謂五等之命之諸臣也今于子男之後列國諸臣之首冠之以眡小國之君臣而得眡君非附庸而何豈有均爲五等之侯而其孤卿得與子男並者乎世子攝其君未誓于天子亦以皮帛繼子男世子有君道也誓于天子下其君之禮一等公之子得如侯伯執圭則未誓于天子繼子男得如附庸執皮帛亦宜矣蓋皆有君道者也故孤之禮每與子男世子爲别不與卿大夫爲别也儀禮大射鄉射燕禮皆列諸公之位在卿大夫上而每與其君相先

後鄭氏皆以爲公之孤卿吾以爲不然旣曰公之孤卿矣不應更得稱公與其君同若以爲附庸如五等諸侯皆得稱公則不嫌于與其君同稱也

曲禮九州之長入天子之國曰牧于外曰侯于其國曰君于內自稱曰不穀于外自稱曰王老庶方小侯入天子之國曰某人于外曰子自稱曰孤玉藻諸侯之于天子曰某土之臣其在邊邑曰某屏之臣其于敵以下曰寡人小國之君曰孤擯者亦曰孤由是推之則孤蓋庶方小侯與小國之君也鄭氏釋庶方小侯爲戎狄子男

君此亦未然所謂附庸之君者殆謂是歟蓋以服言之則在子男之下卿大夫之上以摯言之則諸侯之嫡子未誓于天子者同非人臣也天子自稱曰予一人諸侯自稱曰不穀則附庸之君自稱曰孤亦宜矣故凶禮天子降名則稱不穀周王告子帶之亂曰不穀不德是也以天子而同諸侯者也諸侯降名則稱孤宋荅魯弔大水曰孤實不敬是也以諸侯而同附庸者也各下其一等以自貶損則孤之爲附庸無疑矣

吾既以公之孤爲附庸附庸惟公得有侯伯而下無預

則二鄭所謂五等諸侯通有附庸者其說皆不可行然周之公國惟杞宋二王後雖周公猶爲侯國則春秋之世安得尙有附庸雜見于他國乎蓋典命所言成周治世之法也公之附庸公國所應有故謂公之孤而侯伯附庸必有功德者則賜不以爲常子男之國則小矣吾疑其無附庸先王制禮其隆殺必有高下是以春秋附庸多見于齊魯晉三大國其他小國無聞所謂不能五十里者未必皆近五十里之數董仲舒繁露解氏不若人人不若名名不若字四等皆爲附庸而謂言字者方

三十里名者方二十里人氏者方十五里此雖不經見然春秋書邾儀父以字見鄭犁來以名見介人以人見則其言固有證也王之大夫四命春秋以氏字見如仍叔榮叔之類則附庸四命亦當以國與字見儀父是已而左氏曰邾子克也未王命故不書爵曰儀父貴之也蓋謂公攝位而求盟夫國君而無爵未之有也既以無爵故稱字而又以爲以字貴此其說自相戾穀梁曰邾之上古微未爵命于周也亦非是既爲周臣矣安有至于春秋而未受王爵者則何以爲國且謂父爲男子之

美稱此槩論父之爲義可也豈春秋以爲美而加之者乎公羊曰邾子之君何以名字也何以稱字褒之也蓋用其名不如字之例且春秋諸侯有善而與之者有矣必見于其辭未有舍其爵而言其字者況諸侯有不協而後盟本非美事隱公初立而儀父來盟是有不信于隱公者亦何足爲褒乎三傳皆不正邾爲魯附庸故求其舍爵稱字之義而不得强以求盟爲美是既失名字之例又因並失褒貶之道也

用兵言克通春秋特段一見象日以殺舜爲事及其即

位于四凶則誅之于象則但置之有庳或曰放之或曰封之均于不殺也夫在羣臣則誅之在弟則恕之舜用法豈有二哉四罪之亂天下者公也象之欲殺己者私也舜不以公義勝私恩則親親之道然也周公使管叔蔡叔監商管叔以流言挾武庚而叛召公不說文武之業幾墜矣周公以二伯自請于東征曰我之弗辟無以告先王三年而後致辟管叔于商囚蔡叔于郭鄰管叔之事非周公之所得私也然以王命討叛必待三年而後定者其猶有文告之辭威讓之令以待其服不服而

後加之兵者歟殺非周公之得已也而區區猶録蔡仲以爲卿士蔡叔卒而復邦之蔡不絶其後周公之不欲殺管叔亦致其爲親親者爾舜之封象周公之誅管叔或殺或不殺乃其用心則一也鄭莊公克段則異是矣段之罪未至于殺也使莊公能于其漸絶之則已矣夫必待惡積而不可揜然後始用兵焉豈以奪己之惡而必不與之共國哉春秋所以特書一見也蓋克之爲言終必至焉而已者也葬而書雨不克葬日下昃乃克葬見其必欲葬而後已也納而書帥師弗克納見其可納

而不終納也然則克之爲言在我而已此春秋之義也天王使宰咺來歸惠公仲子之賵王使榮叔來歸成風之含且賵二事正同成風特去天以貶王者成風僖公嘗致其爲夫人故也古者辨嫡庶之分甚嚴無以妾爲妻雖葵丘之盟猶以爲首僖公之罪天王所宜正也既不能正又歸其含賵後復會之葬是成其爲夫人也非王所以法天之道故不得不貶王仲子非夫人特賵人之妾爾其過薄于成風故不加之王而貶其使去爵邑而見名此輕重之序所當然也而劉氏獨不以仲子爲

深責乃以宰爲氏謂王之下士而當以名見何劉氏詳于成風而略于仲子如此乎蓋迷于宰無去爵邑之道春秋之褒貶亦何常之有第以義次之云爾

凡天子諸侯使大夫求財物錫命盟聘納幣歸賵之事求有不言使者以大夫近尊嫌于不能使也其不言使者非當喪未君卽使非其道奪之而不言或制在大夫以見其非所使其義固各有當天子之下士諸侯之上士以下一命之微者稱人皆不言使蓋一命不得以名見辭無所寄且士卑也不嫌于不能使故略之而王人

子突救衛獨以字見人臣無襄王之道以子突稱字見也至于將則皆不言使或曰將在軍雖君命有所不受非與之專也以爲師之所往勝敗繫焉非君之所得制義或然也至于內則皆不言使自內而出不疑于非君命故一以如見之蓋如之爲言順也以順行則非自專可知矣惟臧孫辰告糴于齊不言如見臧之自爲且以責莊公之不能爲國故變文以示之而陳侯使袁僑如會齊使國佐如師言使又言如者于使之中見其于會與師有順而從者故不嫌于並稱也

祭伯內諸侯也天子立三公九卿二十七大夫八十一元士此王官之數九卿三孤在焉書稱三公官不必備惟其人三孤貳公弘化則亦必待得其人而後任之故周官三槐九棘有三公三孤之位而無其職六卿蓋六官之長皆以上大夫爲之則在二十七大夫之内其爵列爲三等公曰公卿曰伯大夫曰子其見于經則周公祭公祭伯毛伯召伯劉子單子是也未有功德皆食采于王之畿內所謂內諸侯也有功德而出封于外則皆加一等大夫四命出封爲子男則加五命公八命出封

爲上公則加九命所謂外諸侯也外諸侯之地公百里侯伯七十里子男五十里故卿大夫食于畿内者公視公卿視侯伯大夫視子男外諸侯世則父死子繼所以崇德報功内諸侯禄則父死子不得世其爵食其禄而已卿有家故得臣其國人大夫未有家則不得臣其國人其稱曰主三世而後得臣爲此功德之辨而内外之分也其元士視附庸不及五十里則周官載師所謂近郊之地士田而王制言天子縣内開國之外其餘以禄士以爲閒田者也諸侯之卿大夫士則不得有邑以其

國中之地側農田百畒之分上農夫食九人至其下士
視上農夫祿足以代其耕自是倍之中士倍下士上士
倍中士下大夫倍上士卿四大夫祿君十卿祿次國之
卿三大夫祿小國之卿倍大夫祿君亦皆十其卿其餘
皆貢于王與其國之用此先王盛時之制而春秋之際
各自封其臣皆有邑楚旣僭王諸臣皆曰公而封縣如
魯之作三軍賦入于其私者邑又不足言矣
外夫人公子大夫卒不書內夫人公子大夫卒書或曰
內會非也卒之爲言非記其死之謂記其禮之謂也古

者大夫卒小斂大斂君皆預其服三公六卿錫衰大夫士疑衰雖士亦有服矣此卒之禮也公子而上亦然舉是禮故書卒傳所謂得卒不得卒者也他國夫人太子大夫死雖來赴而無服則何卒之云乎君赴于他國之君曰寡君不祿敢告執事夫人曰寡小君不祿太子曰寡君之適子死大夫赴于他國之君曰君之外臣寡大夫某死此列國相赴之辭也禮天子諸侯絕期非謂不爲之服謂其尊無與抗則絕而皆臣之也故雖兄弟之親不得以屬通古者鄉飲酒之禮一命齒于鄉里再命

齒于父族三命而不齒蓋自上士而上巳不與其父族齒齒者施之鄉里不施之朝廷而況于君乎乃其親親之服則未之或改故齊王姬之卒莊公且爲服大功則凡經書卒者非爲記其死記其爲之變也是以姑姊妹女子子皆在焉絶期者義也爲之變者恩也乃兄弟之既仕于朝者以大夫之事言則大夫三命而後氏兄弟亦三命後氏稱公子絶期之義也以兄弟之事言則雖氏公子捨其氏而稱兄弟爲之服之義也非直以責其爲君者而已亦以責其爲兄弟者所以厚天倫之愛也

故經凡大夫而以兄弟見者皆責其有不滿于兄弟者也則書盜殺衞侯之兄縶之類是也亦有變之而任以大夫之事以兄弟見者蓋以責其私于兄弟也則書齊侯使其弟年來聘之類是也其以責其爲兄弟者則陳侯之弟招殺陳世子偃師者是也

公子益師所謂三命之卿也故以名氏見先王之制天子六卿皆六命其大夫四命諸侯三卿公侯伯大國次國之卿皆三命其大夫再命其士一命小國子男之卿再命其大夫一命其士不命此周官典命之制也大夫

三卿皆命于天子次國三卿二卿命于天子一卿命于其君小國二卿皆命于其君二卿當爲三卿上脱一卿命于天子一句此禮王制之文也故有王命之卿有君命之卿命卿命于王故或謂之命卿或謂之亞卿或謂之少卿君命之卿雖出于其國然王既許之則非其私也王之上士三命以名氏見如劉夏石尚之類諸侯大國次國之命卿皆三命亦當視王之上士以名氏見則公侯伯之臣凡書名氏者皆卿也王之中士再命以名見如寔之類諸侯大國次國之命大夫與小國之命卿

皆再命亦當視王之中士以名見則公侯伯子男之臣凡書名而不氏者皆其大夫與卿也王之下士無以稱皆曰人大國次國之士小國之大夫皆一命亦當視王之下士以人見則公侯伯子男之臣凡書人者皆其士與大夫也然以傳攷之春秋列國之臣未必皆命于王與其君如禮所言其命焉者亦未必皆如古制古者士二十而冠三十而有室四十始仕五十命爲大夫服官政自一命以上必以次進未有生而貴者故葵丘之盟曰官事無攝莊二年公子慶父帥師伐於餘丘以名氏

見此次國之卿也然桓以三年娶文姜于是方十八年慶父審爲文姜所出或爲庶子尚未及冠則未至于十五也翬先以名見後以公子見自大夫而次爲卿也慶父先未嘗以名見一書而見名氏則未必以其次進也桓終身不朝王至莊公立而始錫命其臣固無得有受王命者則未必命于王也三者皆無一得則他國凡見名氏者果皆如禮之云乎晉自文公以後皆以三軍將佐爲卿文之八年士穀始與梁益耳爲中軍將而二年垂隴之盟士穀已以名氏見則穀非晉之正卿也襄之

三十年鄭良霄死始以公孫段爲卿而二十九年城杞之役段已以名氏見則段非鄭之正卿也河曲之戰趙穿赴秦軍穿非將也而趙宣子曰秦獲一卿則蓋有非卿而從卿者矣鄭葬靈王上卿有事子展使以公孫段往伯有以其官卑曰弱不可子展曰與其莫往弱不猶愈乎則鄭蓋有非卿而攝卿者矣至于其數亦不可盡攷卽魯而言公子慶父公子結公子牙臧孫辰以四卿見莊公孫敖公子遂叔孫得臣季孫行父叔彭生以五卿見文季孫行父仲孫蔑叔孫豹叔老叔弓仲孫速仲

孫羯仲孫何忌臧孫紇以九卿見襄叔弓叔孫婼仲孫貜季孫意如公子慭叔輒叔詣仲孫何忌以八卿見昭雖其間不無死而代者然不應如是其多也晉與秦師趙盾荀林父郤缺臾駢欒盾胥甲皆在傳謂六卿相見于諸浮則晉蓋有六卿焉韓起聘鄭子齹子產子太叔子游子旗子柳皆從傳謂六卿皆餞于郊則鄭蓋有六卿焉非直六卿而已郤至獻楚捷于周而語伐單子謂至位于七八之下而求掩其上晉又有八卿矣鄭伯享趙孟于垂隴子展等從趙孟曰七子從君以寵武也鄭

又有七卿矣由是言之諸侯之卿蓋無復先王之舊制春秋以爲誅之則不可勝誅故不以其合禮與否例以卿書之蓋春秋之作有不加貶絶而如其事者有變以異文而爲之義者是非之未審情僞之未辨將以別嫌明微則不可不示義其事爲甚著其法爲甚明不待辭而自見已舉其事而法不可逃故諸侯盟會征伐之序各從其次而未嘗易卿大夫命不命與多寡之數各從其所見而未嘗革如是而後可知其爲綱紀文章者盡廢而亂之極也

公羊穀梁有據經而言義者有據事而言經者然時猶不免有失其又有無事而鑿爲之說以言經者則不知其何據以爲事云爾耶則何不截之傳以爲不見其事耶則何以爲是說如無駭帥師入極之類春秋書入邑入國多矣但見其入之爲罪爾此先書莒人入向公羊曰入者得而不居也穀梁曰入者内弗受也繼而書入極其辭與入向初無異而公羊曰疾始滅也穀梁曰滅同姓貶也且經不言滅極又未知極爲何姓二氏安知入之爲滅而極爲同姓乎此蓋但見無駭不氏以爲貶

故意其當然爾公羊又言此滅也其見入何内大惡諱也是知滅之無據故復出諱内大惡以實其言而穀梁亦言苟焉以入人爲志者人亦入之矣若以此言爲貶則當先施之入向何今方施之入極此亦欲重無駭之罪故移彼于此乃知不明大夫不氏之例遂縱横廣爲多辭以幸或中其實皆非有聞于經者也

親迎逆女本是二事兩禮不相干吾固言之矣親迎見于六禮而逆女不預蓋逆女非婚禮之正在他國則逆在國中則不逆不可以爲常也自公羊穀梁誤合爲一

皆以經書逆女爲譏不親迎故學者至今莫能辨凡經言迎與逆皆以客主爲別迎寒逆暑所主者陽也暑以陽爲主而我爲客故言逆寒以我爲主而陰爲客故言迎非止此也鄉飲酒言迎賓而祭言逆尸亦鄉飲酒以我爲主故也今女在他國以父母爲主故言逆迎在吾國以壻爲主故言迎二名豈可亂哉推其失蓋自不知讀禮之過也士昏禮昏既告期有日矣初昏父醮子而命之曰往迎爾相承我宗事子諾而往迎既奠鴈于堂降出授婦綏御輪而先反此親迎之禮也非獨士爲然

昏義父親醮子而命之迎男先于女也子承命以迎主人筵几于廟而拜迎于門外壻執鴈入揖讓升堂再拜奠鴈蓋親授之于父母也降出御婦車而壻授綏御輪三周先俟于門外婦至壻揖婦以入共牢而食合巹而酳所以合體同尊卑以親之也蓋天子諸侯無不皆然以其行之在初昏之時故謂之昏禮則親迎云者昏之日事豈謂越竟而逆者乎以情度之凡娶于他國皆前期逆而至于國然後以其日迎爾是故郊特牲男子親迎男先于女剛柔之義也壻親御授綏親之也親之也

者敬而親之先王之所以得天下也出乎大門而先男帥女女從男夫婦之義由此始也曾子問女在塗而壻之父母死如之何子曰改服布深衣縞總以趨喪女在塗而女之父母死則女反如壻親迎未至而有齊衰大功之喪則如之何子曰男不入改服于外次女入改服于內次然後即位而哭是皆一時之事非謂越竟言也其在詩東門之楊陳風刺男女多違親迎女猶有不至者曰昏以爲期明星煌煌則亦非前期之所言也著齊風刺時不親迎曰俟我于著俟我于庭俟我于堂則亦

非越竟之所譏也知此則知逆之非迎也

公羊穀梁既誤逆女之說左氏初不爲義但于祭公逆王后于紀曰禮也劉夏逆王后于齊曰卿不行非禮也文公逆婦姜于齊亦曰卿不行非禮也度左氏之意似謂惟天子親迎非天子則不親迎故杜預爲之說云天子不親迎使卿逆而公監之諸侯有故則使卿逆或者以詩文王親迎于渭與孔子答哀公問合二姓之好爲天地宗廟社稷主昆而親迎者謂雖天子亦親迎又言詩韓奕于蹶之里者爲卿大夫親迎之證至唐趙氏始

言天子無敵于天下女嫁于諸侯使同姓諸侯主之適諸侯諸侯莫敢有其室所謂爲天地宗廟社稷主者以曾有郊祀天地之禮非爲天子言也其說亦本于杜預雖稍異于二氏而終不悟逆女非親迎是以妄意之而卒莫得其正以吾攷之昏禮有親迎特以見男下女之義一事爾先王以禮治天下蓋有大于此者四時巡守各止于方岳之下會諸侯而朝焉未有貶而下適于諸侯之國者所以明其尊也諸侯各有宗廟社稷之主非朝王不出竟相與盟會之事皆後世之末造亦未有舍

其位而之他國者所以一其尊也禮孰大于尊尊何至
昬禮而易之乎文王遷國于豐在渭水之涘渭水出鳥
鼠同穴豐其所經過渭非國也安知其必竟外而爲逆
女蹶父周卿士也韓奕本美宣王能錫命諸侯曰以其
介圭入覲于王因以及其娶妻之盛蓋因覲而娶非爲
娶而逆也二詩皆不足爲據學者求之禮而已
外臣盟會會不預焉皆不書于經盟惟隱二年紀子帛
莒子盟于密一見會惟昭二十七年晉士鞅宋樂祁犂
衛北宮喜曹人邾人滕人會于扈一見謂來赴則書夫

豈終十二公而外臣之爲盟會者僅兩見乎蓋皆以魯故錄之也紀子帛之事固以平莒怨得以字見褒矣而扈之會蓋以謀納昭公也左氏知其事而不能言其義公羊穀梁不知其事故皆略而不爲說吾然後知三家言經或知其事而不知其義或不知其事而併失其義有如此者以傳攷之昭公初出所依以爲重者齊而已齊既不能援而後始求于晉方會扈時公猶如齊未如晉也始宋公既謀納公不果而卒于曲棘衛靈公復欲以文之舒鼎成之昭兆定之鞶鑑賂諸侯以納公故是

會樂祁犂北宫喜實尸之士鞅取賂意如辭二子而不果則安可不錄乎惜乎祁犂喜不能伐鞅之謀抗之以大義乃與士鞅俱以名見不然無愧于紀子帛矣左氏復䌸成周言之蓋徒見前年天王入于成周夫成周之役在五年後而宋仲幾方以不即工見執烏在其爲合謀乎大抵左氏不傳經而意臆之常爲兩説以幸多中然于經不能無害學者所貴乎慎取也

賊賢害民則伐之負固不服則侵之大司馬九伐之法也而三家皆莫能辨伐與侵之異吾獨有取于趙宣子

之言所謂伐備鐘鼓爲聲其罪侵襲密聲爲槧事者其言爲有證故鄭氏釋周禮謂伐者兵入其竟鳴鐘鼓以往所以聲其罪侵者兵加其境而已用兵淺者以詩攷之皇矣言以伐崇墉伐既及墉則固至其城下矣而侵自阮疆侵以疆言是未入于國中也秦誓亦先言侵于之疆而後言取彼兇殘殺伐用張亦侵淺而伐深大抵罪大則伐罪小則侵伐者自主兵之國卽問罪故鳴鐘鼓侵者至其所侵之國然後問罪故不鳴鐘鼓或入國中或在國外各視其服之遲速爾學者不悟遂謂侵不

用鐘鼓豈有爲師而無鐘鼓者乎蓋不知此特興兵之初作不作之辨左氏之言自不能了也會伐會侵皆不言勝敗侵伐討罪之名也古者雖有征討之師諸侯有罪必以文告之辭威讓之令先焉若服而行成與賂而求免或有大國之援來救或不服而自還皆不至于戰而解自不得以勝敗言也惟不服而交兵志其後事則不書侵伐而以戰見然後勝敗可見矣齊小白伐楚管仲問楚以包茅不入昭王南征不復爲辭楚子曰貢之不入寡君之罪也敢不共給昭王南征不復君其問諸

水濱猶未盡服則次于陘至使屈完來盟而後退于召陵此服而免者也燕人出簡公齊侯將伐燕以納之次于虢燕人行成曰敝邑知罪敢不聽命先君之敝器請以謝罪公孫晳請許之遂爲濡上之盟燕人于是歸瑤罋玉櫝斝耳而還此賂而免者也魚石入彭城楚子鄭伯伐宋楚人侵宋以救彭城宋華元如晉告急晉侯師于台穀遇楚師于靡角之谷楚師乃還此救而免者也楚子爲庸浦之役使公子貞伐吳于棠吳人不出公子貞以吳爲不能而還此不終伐而自還者也若此之類

春秋攷　卷四

甚多傳皆以爲行成或取成成者平也必其不服故以戰請秦伯伐晉惠公逆秦師使韓簡視師遂使請戰曰寡人不佞能合其衆而不能離也君若不還無所逃命「秦伯使公孫枝對曰君之未入寡人懼之入而未定列猶吾憂也苟列定矣敢不承命于是爲韓之役春秋不記秦伐而記晉戰齊伐魯北鄙遂以侵衛魯乞師于晉而從齊師于莘齊侯使請戰曰子以君師辱于敝邑不腆敝賦詰朝請相見對曰晉與魯衛兄弟也來告曰大國朝夕釋憾于敝邑之地寡君不忍使羣臣請于大國

無令輿師淹于君地能進不能退君無所辱命于是爲
鞌之役春秋不記會伐而記會戰是以勝敗得著焉圍
亦不言勝敗者圍者不服而進逼之亦未至于戰也圍
而入之則書入圍而滅之則書滅不服而戰焉則書戰
不然苟如伐而免者則亦圍而已矣天下無道禮樂征
伐自諸侯出孔子以十世言之鄭人伐衛或曰此春秋
所以目始伐也亦未必然隱桓之間凡用兵盟會伐圍
多宋鄭齊衛曾五國爲主而陳蔡以人從以禮攷之二
伯方伯皆得專征者也外諸侯稱嗣雖其先皆擇有功

德者爲之死而亦必傳其世衛人責宣公不能修方伯連帥之職是也自周召分陝而管蔡之討周公親爲則周召者文武成王之二伯也康王立太保率西方諸侯入應門左畢公率東方諸侯入應門右是時周公已死矣召公宜以次遷而畢公繼之則召公畢公者成康之二伯也管仲言召康公賜太公五侯九伯汝實征之則太公亦一老矣不知當何時其曰召康公賜之康公召公也宜與畢公相先後則太公亦成康之二伯也諸侯從桓王伐鄭左氏記虢公率陳人蔡人周公黑肩率衛

入則虢公周公者桓王之二伯也成王封康叔而告之
曰孟侯孟侯猶元侯也則衛康叔爲成王之方伯矣周
之東遷晉鄭焉依平王錫晉文侯命則晉文侯爲平王
之方伯矣鄭徙國于虢鄶之間桓王以武公莊公爲卿
士伐宋之役左氏以鄭伯爲以王命討不庭則鄭武公
莊公爲桓王之方伯矣宋二王後爵爲上公雖不知其
得專征與否而陳人請宋伐鄭曰君爲主敝邑以賦與
陳蔡從則疑亦爲方伯者也略以是攷之自周召畢公
後齊嘗爲二伯宋晉曾衛鄭皆嘗爲方伯至春秋初相

去未遠則隱桓之間豈五國皆得承其先君之後而天子復命之爲方伯者歟至其微弱或不能自振而廢其職或有罪而天子絶之不可知故齊衞胥命于蒲以自營至齊小白興而圖霸天子從而命之齊衰而宋襄圖霸不果晉重耳復繼之于是天下惟霸之從而二伯方伯皆不得盡行周禮所謂征伐自諸侯出者非以其不得專征也謂其不能如文王以天子之命命將帥不請于王而自行之此春秋所以譏也

春秋攷卷四

春秋攷卷五

宋　葉　夢　得　撰

隱公

天王崩赴于諸侯不名諸侯卒赴于鄰國則以名卒正終之事不可以不嚴也天子一人也不疑于不正故不名此天子諸侯之辨非謂尊者不名卑者則名古者本不以名爲重死而未卒哭猶不諱其名至卒哭以爲生事畢鬼事始然後舍故而諱新盡以别鬼事而已所謂舍故者舍其舊君之諱親盡則不諱也故衞侯名惡其

臣亦有名惡者蔡侯先有申後復有蔡侯申春秋無譏
焉而禮乃以爲諸侯不生名吾固言其非矣
公羊穀梁以日月爲例吾固言其非矣抑嘗攷之隱三
年書三月庚戌天王崩左氏曰壬戌天王崩赴以庚戌
故書之桓五年書正月甲戌己丑陳侯鮑卒穀梁以爲
甲戌之日出己丑之日得故書以二日襄二十八年十
有二月甲寅天王崩左氏曰王人來告喪問崩日以甲
寅告故書之徵過也文十四年九月齊公子商人弒其
君舍左氏曰七月乙卯夜商人弒舍使來告難故書以

九月僖九年書甲子晉侯佹諸卒左氏曰九月晉獻公卒只以崩弑卒一事推之前天王崩以壬戌蓋誤赴曰陳侯卒包以二日後天王崩問日始知爲甲寅是不赴以日也商人弑七月而言九月是不赴以實日也晉侯卒不言月而左氏書爲九月是史得之而晉不赴月也其參差不齊如此二百四十二年之間或不告以月或不告以日史能一二盡問而益之乎有一不及問而闕則當以爲例者廢矣左氏之言雖未必盡實要之日月理無皆得其全者春秋雖欲爲例而不可得也

凡經言尹氏有二有以官舉者有以族舉者書言尹氏御事此以官舉也蓋凡官之長皆謂之尹故總言庶尹而尹氏云者猶諸侯言曾孫侯氏也詩言尹氏太師此以族舉也蓋太師而氏尹者故以其族盛而併舉之而此尹氏云者猶言崔氏出奔衛也學者多不暇辨類以爲族舉故以尹氏御事自成王以來言之爲已前見非春秋所譏則從左氏以君氏爲正蓋失之矣尹氏以族舉自幽王已見之而至于桓王之世此其所以謂之强也其末至于景王之後遂專廢置則已極矣然成之十

七年有以尹子書者則何以不舉其族此大夫而以爵見者也大夫非三公之任雖二義蓋不相妨也

王制天子之縣內諸侯祿謂王之公也大夫食采于畿內者也外諸侯嗣謂五等諸侯各世傳其嗣子者也乃諸侯之卿大國食二百八十八人次國食二百一十六人小國食百四十四人其大國下大夫食七十二人至于下士食九人而窮次國小國宜亦以是爲差皆謂之祿蓋諸侯大夫亦有邑焉諸侯繼世象賢其嫡子生而誓于天子死則立之不待請而有其國所謂嗣也卿大

夫之食于王者皆不得世其官死則子孫各食于其邑而已自非君命立之則不得專焉所謂祿也諸侯之大夫其子孫爵祿俱不得世有降于天子也故曰諸侯世子世國大夫不世爵使以德爵以功未賜爵視天子之元士以君其國諸侯之大夫不世爵祿蓋卿大夫非用賢則必有功方其賓興賢能固曰以賢制爵則民愼德以庸制祿則民興功矣所以爲教也及夫登之使在位必以德詔爵以功詔祿有賢與功而不立不可也非賢與功而立之亦不可也故以賢與功者言之則文王稱

仕者世祿不以賢與功者任之則紂曰官人以世詩裳裳者華曰古之仕者世祿小人在位則讒諂並進棄賢者之類絕功臣之世所謂賢者之類功臣之世豈夫人而可爲哉春秋之時卿大夫之老且病其君必問後或死而與之立焉如祁奚之立午荀偃之立吳問而立者也仲嬰齊之嗣歸父叔孫豹之嗣僑如與之立者也故范宣子自言城濮之役我先君文公獻功于衡雍句也先君守臣之嗣而韓獻子以厲公之亂無忌不能死辭不使爲公族曰無功庸者不敢居高位是猶有先王之

典也乃豎牛之立叔孫婼公鉏之立孟孫羯惟其黨之所欲爲尚何賢與功之云乎雖其邑許得自有而臧武仲據防以要魯公孫會自鄸而去曹之類適以爲其强叛之資爾則三桓之弱公室有自來矣

大夫世祿不世爵成王戒畢公猶祿曰世之家鮮克由禮以蕩陵德實悖天道以商庶士席寵怙勢故也而況世爵者乎武王數紂之罪謂官人以世自商以來病之矣季友初欲殺叔牙使鍼巫氏酖之曰飲此則有後于魯國不然死且無後蓋大夫以罪誅者皆奪其邑不得

世祿季友不欲顯正叔牙之罪而誅之使若以疾死然以不絶其世可也然僖之四年公孫兹已見帥師侵陳則牙之子也是甫終喪而兹已世其爵矣慶父出奔而死于外宜不得傳其後也而僖之十五年公孫敖巳見帥師救徐則慶父之子也是世其爵者亦巳久矣于時季友尚在彼身見兄弟之禍幾亡其國而僖公亦賴乎其間矣若以宗廟社稷爲心而不私其親雖使世祿且猶不可而乃仍其爵而與之乎明年季友卒而救徐𢿱宋伐邾會洮之役凡十六年二人不再見蓋齊小白方

霸故公猶得自爲政然是歲公子遂始見而帥師如齊如京師如晉伐邾終僖公之世皆遂爲之而政蓋在遂遂亦莊公之子而僖公之弟至文之六年而季孫行父見則季友之子也由是行父死宿立宿死意如立則宿之孫也意如遂以逐昭公意如死斯立魯之爲魯皆三桓之子孫而季氏特其甚焉則季友立茲與敖之罪也故曰祿去公室五世希不失矣蓋自僖公始之也周公誅管叔放蔡叔而以蔡叔之子仲爲卿士卒國之蔡曰爾尚蓋前人之愆無若爾考之違王命而管叔之後無

聞周公豈以私蔡仲哉以爲率德改行克慎厥猷則雖欲廢之不可得也使季友而知此則安有後世之禍不幸適自啓厲階而使其孫曾得以爲資春秋譏世卿而正季友生賜族書公子季友卒與仲遂之辭一施之深戒魯之所以弱歟

武氏子未爵孤也天王命之固非矣春秋以子繫氏正其爲喪稱以見貶是所謂下成康猶未遠者周之典禮猶在也至公子牙以莊三十二年卒其子公孫茲以僖四年見公子慶父以閔二年卒其子公孫敖以僖十五

年見其世祿猶在數年之後至襄五年十二月季孫行父卒六年冬其子季孫宿如晉十九年八月仲孫蔑卒明年正月其子仲孫速會莒人于向二十三年八月仲孫速卒明年春其子仲孫羯帥師侵齊皆未畢喪而春秋無異文豈自襄以後政在諸臣父死子代皆既葬除喪而即命之遂以爲常乎周之典禮無復存者誅之則不可勝誅故但不沒其實而著之蓋屬辭比事不待加之辭而自見也

取國曰滅有宗廟君長焉毀其宗廟纍其君長故謂之

滅取邑曰取攘其地以有之其爲國者自存也故謂之
取取附庸之國亦曰取不毁其宗廟不羈其君長屬之
以附己而已故凡取而繫之國者皆邑也須句訾婁牟
婁長葛穀向繹是也取而不繫之國者皆附庸也舒根
牟鄟郜鄫是也何以知是五國之爲附庸也襄六年鄫
蓋滅于莒矣至昭四年而魯取之則莒屬之以爲附庸
者也以是推之四國宜亦然杜氏雖知鄟爲附庸而謂
根牟爲東夷國郜爲小國者不能以例通之也公羊以
根牟鄟郜皆邾邑以魯背盟取之故諱而不繫邾夫邾

在宣成襄昭之間與魯迭爲彊弱未嘗不預盟會至昭
又挾吳婚姻以爲重不應魯連得取其邑而莫敢爭其
言無所據也春秋正諸侯之相并奪以滅與取爲辨而
左氏于取邿又發例曰凡書取言易也用大師焉曰滅
于取鄟發例曰凡克邑不用師徒曰取然春秋書取有
以敗某師而取者有以伐而取者有以圍而取者豈有
敗人伐人圍人之國而不以師徒者乎此但據莒不撫
鄟叛而來爲言然非實審有此自當書鄟子自莒來奔
不應以魯取爲文也公羊于取舒亦曰易也穀梁于取

鄆亦曰易辭也而左氏于郤缺入蔡又曰凡勝國曰滅之穀梁于滅夏陽言非國而曰滅重夏陽也則二氏以取爲易之意與左氏同而左氏穀梁又微知其爲國邑之辨而不能一也且春秋所正者諸侯相并奪也取之難易均罪也何有于書法乎或曰邑不言滅虞師晉師滅夏陽與滅巢滅州來何以亦謂之滅夏陽之滅公羊穀梁既言之矣此春秋之變文也以爲疑故起問巢州來若邑也則二氏何獨無言凡乎外取邑不見于經故公羊穀梁皆謂外取邑不書說者以楚子伐宋取彭城

不書推之是已若莒人伐杞取牟婁宋人伐鄭取長葛僅兩見皆有爲而書然必繫之國今以爲如夏陽變文則事不類以爲有爲而書則不繫國然則是國也非邑也左氏及杜預誤之爾自成七年書吳入州來國曰入邑未有言入者左氏始言申公巫臣教吳叛楚于是始伐楚伐巢伐徐子重奔命馬陵之會吳入州來子重自鄭奔命子重子反一歲七奔命蠻夷屬于楚者吳盡取之是以始大通吳于上國初不以巢州來爲邑也杜預遂以巢爲國以州來爲邑至昭二十四年左氏復言楚

子爲舟師略吳疆沈尹戌曰此行也楚必亡邑吳果踵楚遂滅巢及鍾離而還沈尹戌曰亡郢之始于是在矣杜氏蓋證此言而又忘其前以巢爲國者吾謂審實有此吳併取楚之二邑春秋安得獨書巢不書鍾離乎尹戌之言不應終始與事適相契如此似是楚人附會妄飾之以爲尹戌之美而左氏不悟其言不足據則巢州來參之以經言入而不繫國其非邑無疑矣始吳子過伐楚門于巢卒卒于巢而言伐楚者蓋巢州來皆國于吳楚之間方吳未與楚爭彊二國皆附楚則不得不先

二國而後楚可及傳所以言吳始伐楚伐巢伐徐入州來而子重往來奔命而救之此輔車之勢當然也吳既得州來後遂遷蔡以成國豈邑而可爲國乎

言天下之善至于無德可名聖人不強名名之斯小矣

言天下之惡至于無罪可加聖人不强加加之斯輕矣

人之所以爲人者以有禮也禮之所以爲禮者以有父子君臣夫婦兄弟朋友也夫婦兄弟朋友猶之可也至于父子君臣人道之義盡矣而弒君之賊有以世子而弒者外無君也內無父也言天下之惡至是而極矣故

春秋衆弑君稱國微者弑君稱人大夫公子弑君稱名氏至于世子弑無得而加則亦舉世子而名之爾楚世子商臣弑其君頵蔡世子般弑其君固是也乃未氏而弑者則亦以名見而已衛州吁弑其君完齊無知弑其君諸兒是也而公羊曰曷爲國氏當國也穀梁曰大夫弑其君以國氏者嫌也弑而代之也是謂當氏而不氏春秋豈以是爲義乎凡公羊穀梁言當國者皆謂爲君也夫弑而簒者孰非欲爲君楚商臣蔡般非當國者乎嫌者謂其非正嫡也夫旣曰弑矣何問其正不正也齊

公子商人鄭公子歸生皆以公子弑者也一篡一不篡春秋之文一施之而獨別于州吁無知乎蓋大夫而弑者異姓繫其姓同姓繫公子皆仍其實也異姓微者書以人同姓微者辭窮矣則非名無以見也春秋微者初無同姓異姓之別至于弑則有父子之親焉有宗族之義焉不可以不別也此謂極天下之惡而不可加以罪者聖人不爲之變辭以示貶也曾謂公羊穀梁而不知此乎

晉人弑厲公魯成公曰臣弑其君誰之過也里革曰君

之過也夫君人者其威大矣失威而至于殺其過多矣且夫君者將牧民而正其邪者也若君縱私回而棄民事民旁有慝無由省之益邪多矣若以邪臨民陷而不振用善不肯專則不能使至于殄滅而莫之恤也將安用之桀奔南巢紂踣于京厲流于彘幽滅于戲皆是術也甲革之爲是言亦危矣以儆諸成公則可以施之後世則不可冠雖敝不加于足君雖不君臣可以不臣乎湯旣勝桀而爲誥曰予有慙德恐後世以台爲口實文王三分天下有其二猶服事商武王觀兵孟津諸侯不

期而會者八百武王猶復退焉此萬世君臣不可奪之義也然而春秋書弒君之罪有四大夫世子公子微者既皆以實見不敢有加損然復有國弒者則義安在豈不曰吾所以治亂臣賊子者多矣抑爲之君亦不可不儆乎則爲之言國者若曰舉國皆弒之也夫人君者一國之所歸往也爲之得其道且將愛之若父母畏之若神明夫誰敢有一不然其不幸至于犯上不道雖假手于一人而有出于衆心者君子安得不懼焉則里革之言其有近于書國之意但不可著之爲說爾昔者伊尹

雖相湯伐桀然旣醜有夏復歸于亳孟子以五就湯五就桀伊尹雖聖之任其不敢遽絕于桀如此孔子雖周臣而曰武盡美矣未盡善也韶盡美矣又盡善也推孔子之心而察春秋弑君書國之意蓋聖人所難言者其在周易于革之彖曰湯武革命順乎天而應乎人此春秋之微有不可以言傳者也

天生物地成物天地不相爲用則造物之功不全故雖天尊地卑而其道則一也君爲主而臣佐之君臣不相爲用則爲治之道不立故雖君尊臣卑而其道則一也

古者爲是故君臣謂之一體舜皋陶之歌曰元首明哉股肱良哉庶事康哉元首叢脞哉股肱惰哉萬事墮哉夫惟君臣一體如元首股肱之相須是以君雖尊不敢以貴驕其臣曰共天位治天職食天祿三者非吾所能爲之重也天實設之而吾與之共也臣雖卑不肯以賤屈其官在野曰草莽之臣在國曰市井之臣必傳質焉然後爲之臣二者非吾所能爲之貴也我實非臣而不可以彊從也世衰道微有天下國家者不知察此而區區事君爲容悅者亦不明其義故春秋以天地之大義

而立君臣之大分臣弑其君則書曰弑其君某君殺其大夫則書曰殺其大夫某上下之辭一施之示其無偏勝也其間爲之辨者君一而已故殺大夫者不以爵臣有貴賤不同故或稱名氏或稱謚至于或以國或以人則其所致意焉未之有異也夫然則亂臣賊子安得不懼暴君庸主安得不畏乎故曰臣弑君在官者殺無赦所以正萬世之爲臣者也無罪而殺士則大夫可以去所以正萬世之爲君者也如是而諸侯敢專殺其大夫宜春秋之所深治也然而記曰大夫強而君殺之義也

由三桓始也夫三桓雖強有天子在焉魯安得而殺之乎此非先君子之言也春秋諸侯之自爲言也

遇禮之略也朝覲宗遇會同六禮先王制爲此名其隆殺厚薄必有别後世不可盡攷其見于事者則朝以圖事宗以陳謨覲以比功遇以協慮此其辨也舉其尤大者言之故或通謂之朝諸侯小國事大國無四事之異世衰而僭于是有卽位繼好以相見者焉乃取天子總名而爲諸侯世相朝之論亦通謂之朝其相見于隙地則又有會焉此二禮諸侯遂亦行之矣覲宗遇同則未

之僭非不可爲無所事爲也公及宋公遇于淸之類此非正遇禮取其朝之最薄者以爲之辭爾魯昭公在乾侯所謂以遇禮相見者也學者槪欲以王遇之禮求之非矣公及齊侯遇于穀蕭叔朝公遇自遇朝自朝何以不言公及齊侯蕭叔遇于穀乎公會衞侯于桃丘弗遇此豈是禮之名季姬與鄫子遇于防此亦豈是爲禮朝者期而見常也遇者不期而見非常也春秋所以書外遇不書外朝惟穀梁以不期而會爲遇此說爲最近左氏曰羽父請師公弗許固請而行故書曰翬帥師疾

之也其後書翬帥師會齊人鄭人伐宋杜氏因其說而釋之曰翬不待公命貪會二國之君疾其專進故去氏春秋自莊公以前魯人不書族者五翬也無駭也柔也溺也挾也自莊公以後無聞焉而杜預釋無駭不稱氏以爲未賜族其說自爲二果爾均爲去氏春秋何以別貶與未賜族乎蓋左氏初傳經見書翬帥師相繼習見以爲常因不復爲說若爾凡帥師無非專者何爲而不盡貶乎以此見左氏之書固有非當時事實而遷就增損類如此杜氏可推之于後來而不可推之于無駭故

又以未賜族當之則初未嘗得經旨也以吾觀之春秋固有去氏以爲貶者然必見氏而後去之不如是不足以知去之爲貶也若季孫意如叔孫婼是已左氏亦略知此故後又別立舍族稱族之法然而莊公以前凡不書氏者皆大夫而攝之者也古者五十爲大夫未五十皆攝而禮諸侯之適子誓于天子攝其君則下其君之禮一等攝之與正宜各以是爲別也莊公之前去成康爲未遠先王典籍諸侯猶未敢盡廢大夫之未命于天子與當命于其君而年未及者尚或使之攝攝則其禮

皆降而不敢同于正卿故春秋以去氏辨之則翬之五人者是也自莊公之後世日以亂王命不行于天下諸侯之卿惟其君所欲與未必皆請之天子亦未必待年而攝吾嘗言之矣則正之與攝皆不可得而別此春秋之所無如之何則以大夫見者以大夫書之而已至于有見于貶而去氏者然後去之春秋亦必有示其然者也

隱書翬帥師會宋公陳侯蔡人衛人伐鄭穀梁曰不書公子與于弑公故貶也穀梁蓋不知大夫未三命不以

氏見之例故妄言之且是時翬尚未弒公安得豫貶之乎至于桓書公子翬如齊逆女以公子見則不爲義何休強通之曰翬稱公子者桓不以爲罪人也隱書公子益師卒穀梁曰大夫日卒正也不日卒惡也至于定書六月丙申季孫意如卒此親逐昭公者惡莫大于是矣反書日穀梁不爲義范甯強通之曰定之得立由于意如春秋因定之不惡而書日以示譏且以翬于桓書公子爲此二説皆穀梁所無有而范氏附會之也且天下之惡一也豈有其君不以爲惡而春秋從而亦不以爲

惡乎若曰特爲變例以示譏則使翬至桓而始三命得以氏見將何以别之而叔孫不敢亦定之大夫也非定之不惡何以亦書壬午卒此皆顛倒錯迕傳既失經注又迷傳安得復有春秋之旨也

討弑君之賊經書有三臣弑君在官者殺無赦邾定公之言也其傳之蓋有自矣在國中者無非其臣何臣見君之讎而不討者乎則齊人殺無知衛人殺州吁是也然蔡人殺陳佗楚人殺夏徵舒非其國人也而與其國人同書君君臣臣天下之大義也世豈有無君之國哉

陳恒弑其君孔子沐浴而告諸朝請討之齊臣非魯之所得討也以爲齊之君猶魯之君則雖魯討之可也亂臣賊子不容于六合之内聖人之爲法嚴如此然晉里克弑二君惠公殺之書曰晉殺其大夫里克衛甯喜弑其君剽獻公殺之書曰衛殺其大夫甯喜乃與殺大夫同文而不加之以弑君之辭蓋惠公之殺里克也曰微子則不及此雖然子弑二君與一大夫爲子君者不亦難乎則惠公非爲卓子奚齊討克也畏克之逼也獻公之殺甯喜也初患其專公孫免餘請殺之曰公勿與知

而公弗禁遂攻甯氏而殺喜則獻公非爲剽討喜也畏喜之專也則亦殺大夫而已矣克喜之惡終不得正春秋書之非以寬克喜所以正惠公獻公也吾然後知聖人斷獄用刑必先正名子曰名不正則言不順言不順則事不成事不成則禮樂不興禮樂不興則刑罰不中刑罰不中則民無所措手足克喜之名可謂不正矣不惟卓子奚齊剽之弑終無以正其罪使晉衛之刑皆如二人民亦無所措其手足矣桓五年正月陳佗弑太子免而代之秋蔡人衛人陳人從王伐鄭明年書蔡人殺

陳佗則前伐鄭之陳人者陳佗也隱四年春衞州吁弑其君完夏書宋公陳侯蔡人衞人伐鄭九月衞人殺州吁于濮則前伐鄭之衞人者州吁也春秋時弑君之賊凡朝王與從會于諸侯者皆免討陳佗亦既從王州吁亦既從諸侯矣而其殺春秋皆以討賊之辭書之知其說雖行于當時不行于春秋楚圍曹負芻之徒得全其生亦幸而已矣

衞人立晉吾固以爲春秋與之矣或曰所貴于與者爲詢萬民而與其賢也故稱人焉以詩雄雉詩篇攷之則

衛君之惡未有甚于晉者何以謂之賢乎春秋不追書方其立之必有與于衛人者未知後之惡也春秋假首以立大法義不專責于晉使天下後世知國無君有詢萬民而立之道爾不然乃當于穀梁所謂翬帥師伐鄭不言公子爲未弑而貶非春秋之意也與其進也不與其退也與其潔也不保其往也蓋孔子之志也

公羊穀梁皆作陳魚左氏作矢魚杜預解矢義遂以爲陳蓋見公穀作陳而左氏云遂往陳魚而觀之故云爾非也矢無陳義如皐陶矢厥謨之矢乃訓直而不隱審

曰觀魚字當爲漁不當爲魚月令季冬之月命漁師始漁天子親往乃嘗魚先薦寢廟使觀而得禮亦何傷乎蓋古者祭必親射牲故各因四時之田而取之大司馬所謂遂以蒐田獻禽以祭社之類是也而臧僖伯諫隱公始言春蒐夏苗秋獮冬狩皆于農隙以講武事未言鳥獸之肉不登于俎皮革齒牙骨角毛羽不登于器則公不射射之爲言蓋矢也豈隱公本以觀魚不因于狩而假射牲以爲之名乎則觀正當爲矢不當言陳是于義雖無大利害然亦以見先儒不曉經旨而以意揣量

者每如此微僖伯之言則無以致也

周官射人祭祀則贊射牲相孤卿大夫之法儀司弓矢共射牲之弓矢外傳載楚觀射父之言曰天子郊禘之事必自射其牲諸侯宗廟之事必自射其牛所謂法儀者于禮無見獨公羊穀梁載四時之田有上殺次殺下殺之辨以爲惟所先得一爲乾豆二爲賓客三爲充君之庖田獵之獲亦以共宗廟則凡祭而射牲宜皆若是也蓋祭祀之牲充人掌之皆繫于牢所謂執其鸞刀以啓其毛取其血膋者已殺之事也將祭必先射而殺之

取其身自爲猶王后夫人之春粢盛也矢魚于棠吾證僖伯之言以矢爲射蓋以是知古之牲必射也

庶子爲君爲其母築宮使公子主其祭于子祭于孫止此穀梁爲惠公仲子言也于禮無正文緣人情而推之庶子爲君雖不得顧其私親然遂忘之則不可考仲子之宮隱公以孫爲之春秋尚許焉則及其子固禮之所宜有也禮別子之妾母皆得祔而祭故士大夫不得祖諸侯則祔于諸祖父之爲士大夫者其妻祔于祖姑妾不得體君則祔于妾之爲祖姑者無則推而上之取其

春秋攷　卷五

一可祔者夫眾妾有子猶得祔妾祖姑之祭豈有子爲
君而反不得祭乎然至孫而止者爲其不可傳也蓋孫
于妾祖母無傳重之義故及其身伸恩而已不傳重則
恩殺此其無可奈何者也禮有降有殺有宜有稱爲人
後者受重而尊服爲其所後三年而不敢貳斬而爲報
則爲其父母期非薄于父母也不得已也
孔子曰殷因于夏禮所損益可知也周因于殷禮所損
益可知也其或繼周者雖百世可知也三代之禮不相
沿襲至周而大備不可以復加矣然而子以爲禮失求

諸野而儒者之記或謂子嘗問禮于老聃以曾子問攷之葬不爲日食反下殤不得斂于宫中三年之喪雖卒哭不可從事于金革孔子自謂聞于老聃者三則亦信而有徵矣先王之禮至孔子時固有亡而不盡傳與雖傳而非其舊者雖孔子不能盡知也而況其下者乎君子不幸而遇之者不可以亡禮而遂廢則有時而以義起也故出母而死人道所不免也而不喪出母始子思主王姬而遇其喪理之所應有也而服以大功始莊公師學焉而亡義之所不可忘也而若喪其父而無服始

子貢夫是三者豈先王略而不爲之制始有焉而亡之矣後之君子知其不可以終廢而爲之作而合于義君子取焉或曰亡乎禮或曰變之正作而不合于義君子貶焉夫君子何所用其情哉亦質諸義而已矣然則庶子爲君得爲其母築宮有不獲爲而及其孫亦將從之如其子者義之所當爲者也考仲子之宮固君子之所與也

公羊穀梁析初獻六羽與上考仲子之宮爲兩句故俱言天子八佾諸公六佾諸侯四佾以獻六羽爲僭而穀

梁又別出尸子之說爲天子諸侯皆用八佾以獻六羽爲始厲樂尸子之誤固不待言也然不知公穀以爲僭者仲子宮僭耶羣公廟僭耶爲羣公廟僭則魯之用八佾久矣禮祭統曰朱干玉戚以舞大武八佾以舞大夏此天子之樂康周公故以賜魯也子家駒曰諸侯僭于天子大夫僭于諸侯久矣昭公曰吾何僭矣哉子家駒曰設兩觀乘大路朱干玉戚以舞大夏八佾以舞大武此皆天子之禮則魯至于昭公之世羣公之廟固未嘗殺八佾也子謂季氏八佾舞于庭蓋季氏以大夫祖諸

侯故公廟設于私家因魯所用而用之爾則謂之始僭樂者以爲魯廟前皆用四佾自隱而始僭六佾可乎以爲仲子宮則就二氏言魯羣公廟旣用八佾隱公能知其僭而殺之以六佾則雖猶僭諸公然于魯所用樂則已殺矣不得謂之始僭也諸公諸侯之樂本無異吾固言之矣考仲子之宮初獻六羽此之與書禘于太廟用致夫人有大事于太廟躋僖公之類正同此不爲考仲子之宮言爲獻六羽而以考仲子之宮見之安得析爲二句乎以理推之仲子惠公之妾母而卒于隱公之初

惠公既不及築宮而祭若隱遂廢而不舉則仲子終不得而祭矣故隱公爲之築宮春秋許焉蓋父卒爲祖後者爲其祖母三年于子所不得行而孫承之禮之以義起者也故春秋不書立仲子宮以爲貶而但言其考者用是以譏獻六羽也樂象功者也婦人本無樂雖天子之后諸侯之夫人亦未有特爲樂者配于天子諸侯之廟則固得而用之爾惟周特設姜嫄廟奏夷則歌小吕無射大濩以享先妣此非常之禮後世所不得通用也今隱公以義起而成仲子宮可矣安得遂爲之樂而以

羽數爲問哉不問佾數而問羽數蓋知婦人無所事于武而去干舞然不知干舞不得用則羽舞亦不得用故春秋從而書之不曰六佾而曰六羽使仲而知此則曰婦人無樂庶幾其近正而但知羣公廟用八佾之爲僭而告之以六佾此春秋所以書也妾母之立宮前乎此宜有之矣而未有用樂者自仲子而始有樂故謂之初獻魯之妾母五仲子也成風也敬嬴也兩定姒也自成風致之爲夫人而敬嬴與襄之定姒亦稱夫人則魯之妾母自成風無不致之以配其主者也惟哀公之定姒

卒于定公之末而不暇致其爲宫用樂與否未可知然春秋以仲子一見譏而已或曰祭未嘗有無樂者是不然禮自玄冕所祭而下羣小祀皆不興舞妾母之廟使公子祭則與正廟異矣何害其不興舞乎

初獻六羽義不在六羽吾固言之矣古今學者但一迷于魯八佾之事故横生其義卒不可解且衆仲言天子用八諸侯用六大夫四士二此亦豈先王之常禮乎記曰天子之爲樂也以賞諸侯之有德者也故賜諸侯則以柷將之賜伯子男則以鼗將之蓋諸侯本無樂必有

德而後賞焉是亦與賜弓矢而征賜鈇鉞而殺者同義故巡守攷制度于四嶽變禮易樂者且有誅矣其羽數非天子賜之則諸侯亦安能自爲之乎諸侯且無樂況于婦人而隱公設之于仲子之廟則孔子所謂禮樂自諸侯出者春秋書之但記諸侯不得自爲樂而始于此一罪也婦人不得有樂而始于此二罪也故曰初與初稅畝之辭同四羽六羽之云疑亦未必爲衆仲之言學者又謂初者有終之辭亦非是魯妾母自仲子後未嘗復有立廟者何用見其有終初稅畝亦未必傳于後世

也公羊穀梁皆以初爲始近之矣而不免同謂之僭諸公非特不知春秋之義亦自不知五等諸侯之制也城中丘凡城二十九惟莊之城諸及防文之城諸及鄆皆十二月爲夏之十月與僖之城楚丘以正月爲夏之十一月合其時制者三而已其二十有六皆非時然未必止議其非時也國語載單子之言曰先王之教淸風至而修城郭宮室又夏令時儆曰收而場功偫而畚挶營室之中土功其始謂水之昏中建亥之月也火之初見期于司里謂心之晨見建亥之末也故左氏以龍見

戒事火見致用水昏正而栽日至而畢爲例要之戒事于建亥之始畢功于日至之終十月十一月皆土功之時所以定之方中詩言得其時制然而城郭雖立以爲國而非恃以守國故先王歲因農隙修之于無事之時不待有事而爲之固也楚囊瓦城郢沈尹戌曰子常必亡郢苟不能衛城無益也古者天子守在四夷天子卑守在諸侯諸侯守在四鄰諸侯卑守在四境愼其四境結其四援民狎其野三務成功民無內憂而又無外懼國焉用城然則是道也雖如沈尹戌者其猶知之而況

春秋予魯凡非時而城多出于畏齊畏晉畏衛畏莒不然則大夫强而自城其邑或過其度未有無故而爲也夫旣不能愛恤其民以時舉其政以千乘之國事至而旋爲之備以奪其時此經之所以譏也楚丘之書蓋自别見故雖時亦書而莊文十二月而兩書者蓋雖得其時而連二邑則亦以其有爲而困民力故也公羊言邑無百雉之城以五板而堵五堵而雉百雉而城鄭祭仲言都城大都三之一中五之一小九之一以公羊言之則所謂都城不過百雉者諸侯之城制也以祭仲言之

則大夫之都蓋有三等之辨而魯叔季氏至自墮費墮郈則他皆過其制者亦可類求也

築與城公穀皆不爲例惟左氏于築郿曰非都也凡邑有先君之主曰都無曰邑邑曰築都曰城而穀梁于城楚丘言國而曰城此邑也其曰城何也封衛也又于築鹿囿曰築不志此其志何也山林川澤之利所以與民共也虞之非正也詳穀梁之意似亦城别大小而左氏則直以先君之主有無爲辨然于郿先言非都則又似槩以都言城邑言築略與穀梁同旣爾則又安用以先

君之主辨之乎杜預知其相戾故引周禮都邑之異而曰宗廟所在雖邑曰都尊之也吾謂左氏蓋不知周制都邑之異而妄言杜氏又從而附益爲之説何者周制王畿四井爲邑自是其地四四而三之爲都載師又別大都小都皆畿內公卿大夫之采地也諸侯之制宜略視此都邑之名宜不可得而亂大夫不祖諸侯則安得邑而有先君之主者哉左氏但見魯三家皆有桓公私廟故城費言城遂以爲凡邑之例皆如此其不知禮甚矣且城小穀左氏曰爲管仲也杜氏謂齊邑爲管仲城

之城漆乃邾庶其之邑是無先君之主何以亦言城蓋邑雖小亦必有城也第創築則謂之築如築臺築囿築王姬之館之類新舊則謂之城如城中城城西郛之類初無是城也而始爲之所以言築城固舊矣因而新之則城而已其理明甚左氏旣失之穀梁亦未爲得也

齊年稱弟先王嚴適庶之分爲其爲長子者正體于上將代已以爲宗廟主所傳者重也故喪服子爲父斬衰三年父爲長子亦三年至庶子則降而爲大功矣而庶子以其不繼祖與禰則雖其長子亦不爲三年然是說

也施之于父子不施之于兄弟蓋兄弟雖有適庶其爲父則一而已矣禮大夫之適子爲昆弟大夫之庶子爲適昆弟皆期豈有以適庶爲降殺乎故曰昆弟四體也故昆弟之義無分然而有分者辟子之私也子不私其父則不成其爲子故有東宮有西宮有南宮有北宮異居而同財有餘歸之宗不足則資之宗先王以是教睦也春秋書兄弟豈有適庶之辨歟凡公子之爲大夫當以氏見以國事見則書公子以兄弟見則書兄弟天子諸侯絕期故無兄弟之服乃其情則自天子達于庶人

未之有異也是以天王殺其弟佞夫首見法焉有愛之而溺其私如齊侯之弟年來聘者非所愛而愛未必不害之也有任之而非其事如衛侯之弟黑背帥師侵鄭者非所任而任未必不危之也有事之不盡其道而至于死如盜殺衛侯之兄縶者則其爲恭者息也有撫之不盡其恩而至于離如陳侯之弟黃出奔楚者其爲友者廢也亦有反之而責其人者焉則陳侯之弟招殺陳世子偃師宋公之弟辰及仲佗石彄公子地自陳入于蕭以叛是也故頌文王之德至于刑于寡妻至于兄弟

而正家者定焉推君陳之德至于孝乎惟孝友于兄弟而爲政盡焉太上以德撫民其次親親以相及兄弟雖有小忿不廢懿親富辰其猶知之是以知周公封建親戚之意而推召穆公爲棠棣之義此春秋所以謹之歟而公羊穀梁皆以母兄稱兄母弟稱弟爲之辭此殆諭適庶不論兄弟非先王親親之道也如衞縶爲輒旣不知其字誤又遂附益之以爲有疾不得入廟亦可證其說之妄矣

存頫省聘問臣之禮也以大行人攷之王之撫邦國諸

侯者歲徧存三歲徧頫五歲徧省七歲屬象胥論言語協辭命九歲屬瞽史論書名聽聲音十一歲達瑞節同度量成牢禮同數器修法則鄭謂自五歲之後遂間歲徧省七歲省而召其象胥九歲省而召其瞽史十一歲又徧省焉而無所謂聘問者其前乃言時聘以結諸侯之好殷頫以除邦國之慝間問以論諸侯之志而不及存省鄭氏判時聘殷頫皆屬諸侯自問以下方爲天子之事是天子于諸侯無聘也則春秋安得書天王使凡伯來聘歟吾以爲不然存頫省者歲之常禮也聘問者

不時而非常者也聘主結好問主諭志其事不相遠而大小不同故曰小聘曰問而頫則專主除慝也蓋頫有二有三歲之頫有除慝之頫别而言之時聘殷頫閒問有三合而言之問包于聘中聘與頫爲二故典瑞言瑑圭璋琮璧繅皆二采一就以頫聘玉人云瑑圭璋八寸璧琮八寸以頫聘蓋常禮不用玉非常則用玉也然則大宗伯復言時聘曰問殷頫曰視者何也先王制禮不以一端聘雖主結好而所致意者在問頫雖主除慝而所致意者在視大宗伯尊也故言其意小行人卑也故

言其事互相備耳何以知之終春秋之世王臣之聘魯者纔八見隱一君而再聘桓一君而三聘自桓至僖歷三君而二聘自僖至宣又歷二君而一聘自宣終哀歷五君而無聘則周之諸侯自宣之後不復聘矣以疏數則不倫以廢興則不常此春秋之所以書也

南季王大夫五十而字者也禮人生十年曰幼學二十曰弱冠三十曰壯有室四十曰强而仕五十曰艾服官政故四十始仕五十命爲大夫服官政先儒以政爲一官之政周官六官之長皆上大夫也而謂之卿中大夫

下大夫始曰大夫如小宰以中大夫宰夫以下大夫小司徒以中大夫鄉師以下大夫之類此皆佐其長以與一官之政者冉子退朝子曰何晏也對曰有政子曰其事也如有政雖不吾以吾其與聞之蓋政與事異必五十而後爲大夫若非艾服官不可爲也故二十而冠敬其名而立其字如孔鯉曰伯魚之類猶以魚稱焉至爲大夫則又敬其字如榮叔南季之類但稱伯仲而已所以尊之也其食于王畿始有采地雖未得臣其吏民而有家矣謂之家邑此先王之所以謹也士冠禮云無大

夫冠禮而有其昏禮古者五十而後爵何大夫冠禮之有男子二十而冠大夫五十則無所用冠禮矣若有賢才年未及而試以大夫之事則服士服而行士禮故曰天子之元子士也天下無生而貴者也禮之及此蓋是時有不待五十爵爲大夫而後冠者是以繼之言諸侯之有冠禮夏之末造也傷其所由來者漸也

鄭伯伐取之此其事必有異于常者故春秋變文以示之所以震駭後世以動其心凡經辭不以例言者類如此且伐則不取故不言取取則非伐故不言伐二者常

道也若內伐僖書伐邾取訾婁宣書伐莒取向公孫歸父伐邾取繹與外書莒人伐杞取牟婁等二者皆並見蓋伐者討罪之名取者貪得之名伐國而取邑不正其以討罪爲名而以貪終之著其志取而假伐也今宋衞入鄭雖過矣然得而不居其于鄭猶有怨心焉而鄭復怨之深乘其暴師于外之久雖益蔡而戴未服三師必憊遂伐其後而覆其師其不仁不已甚乎夫伐國而取邑尚不可況以一國伐三師而盡取三師也則義不得與前同辭若從皇瑗罕達但書取宋師衞師蔡師則不

見乘其入鄭之餘伐戴之際此其所以爲異辭也左氏傳事微知之而不通經故雖知爲取三師而妄加之以鄭伯圍戴與祭人不和之故公穀不傳事故例以爲易辭直意爲我取戴且鄭以入其國之役常情當以三國爲怨豈有反佐之而同伐戴乎鄭果因三師之力得戴何以三師不分有其地而鄭獨取此皆理之不可通者也

春秋書伐取之事但記時言秋而不記月此吾所謂著其久者也三家亦自不知此意公羊穀梁專以日月爲

例至是反忽之蓋特迷以取爲易辭故拘一偏以爲例亦坐不知事之故使少知之必能瞥矣左氏經外衍鄭伯圍戴克之取三師焉杜預謂三國之師在戴故鄭伯合圍之此正非左氏意詳左氏似謂三國已得戴鄭伯復圍戴取三師于其國内如此乃當言入戴不當言伐戴此皆不通經故進退無據詳杜氏乃當如吾意但杜預蔽于黨左氏不知其乘三師之伐戴而遽伐之非合三師而共伐戴也或言先書三國伐戴後書鄭伯伐取之鄭伯之伐即戴蒙上文故不别言戴亦非是凡經蒙

上文必須同出一事故非有褒即從省文三師與鄭自是怨敵安得與一事同例也

春秋攷卷五

春秋攷卷六

宋　葉夢得　撰

桓公

天子諸侯踰年改元即位不明見于經杜氏以尚書顧命言之而不終其説以吾攷之顧命始言逆子釗于南門之外延入翼室恤宅宗翼室非正室也是時固已嗣位爲君矣而未受冊命也七日而受冊命王麻冕黼裳由賓階隮卿士邦君麻冕蟻裳入即位卿士邦君所謂即位者即其常位也王所謂由賓階隮者以殯在阼階

不敢當王也阼階且不敢升則未敢躋乎王之正位可知矣故受命而見羣臣出在應門之內應門之內者路門之外也蓋古者一年之間不二君故嗣位于柩前而受冊于殯猶以先君之辭命之若曰吾君猶存焉爾應門之內諸侯再拜王亦荅拜不純乎爲君也虛先君之位而不敢居終先君之年而不敢改不幸而死謂之小子王不成其爲君也至于明年天道一變矣以爲曠年不可以無君也然後即于正位朝羣臣以稱元年遂以成其爲君者自是始是雖不明見于經而其制則明矣

然公羊言以諸侯之踰年即位亦知天子之踰年而即位以天子三年然後稱王亦知諸侯于封內三年稱子則此在當時已無所據但更相推見爾宜學者之所難言也

諸侯踰年未有不即位者有書不書則春秋之法也猶之未嘗無正月而或不書正月未嘗無王而或不書王而說者乃以爲公不即位故不書夫位者日朝羣臣而正其爲君者也不即位則終其世何所居乎其端蓋起于左氏隱傳曰不書即位攝也莊傳曰不稱即位文姜

出也閔傳曰不書即位亂故也僖傳曰不稱即位公出故也或言不書或言不稱杜氏因謂不即位者不行即位之禮書與稱一辭也夫君莫大于位位莫大于即位所謂即位者亦不過正南面受朝而巳謂公出不即位猶云可也若曰文姜出與亂此何預南面受朝之事而不得行其禮不行即位之禮則元年何自昉哉此蓋左氏不明隱不書即位爲正隱莊閔僖爲繼弒君之意求其說而不得故各隨其意而妄爲之辭不若公羊穀梁之得其義此春秋之始事而謬誤巳如此則公羊穀梁

傳經左氏不傳經可信不誣也

即位人君之道也有其名而無其位有其位而無其始皆不可以爲君春秋莫大乎正名莫謹乎正始二者立而位存乎其間矣上不正名下不正始雖有其位未有不挌篡奪之萌而啓陵夷之漸者也故君薨嗣子雖在喪次必先即位于柩前不以爲無哀有其名者必正其位也明年雖喪未終必朝廟行即位之禮而改元不以爲不懷有其位者必正其始也踰年不即位則無時而可即位矣如是謂繼故不即位可乎彼篡弑而繼與弑

而立人者雖冒天下之大惡然告于國人赴于諸侯必不自謂吾身親弑之亦將有藉口以爲之言者如桓使翬弑隱于寪氏桓立而討寪氏有死者慶父使僕人鄧扈樂弑子般既弑誅鄧扈樂以歸獄若禮不應即位而自以爲無不忍于先君而即位是自暴其惡于衆亦豈情之所宜哉

繼故無不即位之理吾固言之矣或者猶有疑焉吾不知此先王之禮耶時君之爲耶凡故未有非弑篡者也以爲先王之禮則豈有聖人爲禮而逆開篡弑之路以

待後世行之耶以爲時君之爲則繼體承統正名分以討有罪與區區小不忍廢先王之典而忘正始之道孰重正春秋之所誅也左氏初不曉此故于隱莊閔僖四公妄爲之例杜預載穎氏說（案後漢書儒林傳穎容著春秋條例五萬餘言杜預所引卽其說原本譌穎氏作頴民今校改）以爲魯十二公國史皆書卽位仲尼修之乃有所不書此其言是矣但不知穎氏言不書者何義而杜預從而攻之以爲若實卽位則公無讓若實有讓則史無緣虛書此以黨左氏隱讓之論則可也旣不知經則無足與議公穀雖知繼正繼故之辨而穀

梁以爲先君不以其道終則子不忍卽位如此是亦時君之爲爾惟公羊于莊言君弑子不卽位隱之也孰隱隱子也于宣言繼弑君不言卽位此其言卽位何其意也以是知爲春秋不書然曰隱子亦非是左氏知經不書而不知爲繼故穀梁知繼故而不知爲經不書公羊雖近而隱子之義亦不盡信乎學經之難也

繼體之君踰年卽位改元杜預以爲諸侯每歲首必有禮于廟諸遭喪繼位者因此而改元正位非也禮曰喪三年不祭惟祭天地社稷爲越紼而行事宗廟不預也

則遭喪朝廟之禮廢矣爲其不可不改元正位故變而特朝廟焉伊訓曰惟元祀十有二月乙丑伊尹祠于先王奉嗣王祗見厥祖此改元朝廟之禮也其曰元祀十有二月者以夏正數之乃商之正月也若其次年則固未之行矣詩閔予小子嗣王朝于廟訪落嗣王謀于廟敬之羣臣進戒嗣王皆言惟予小子古者天子在喪皆稱予小子此亦朝廟之證惟載見言諸侯始見乎武王廟乃爲免喪之朝每歲必朝廟與在喪次年不朝廟皆禮之常故經亦不書

踰年朝廟以吉禮行乎以凶禮行乎以吉禮行也古者席蓋重素苞屨扱衽厭冠書方衰凶器皆不入公門則衰麻不可以接弁冕穀梁固知之也其變而用吉禮亦不得已而以義起之歟吾何以知其然顧命成王之喪康王入翼室麻冕黼裳由賓階隮以受冊命旣畢而後釋冕反喪服此卽位乎喪次之禮也喪次猶以麻冕黼裳況朝而正喪次之位乎後世所見者惟士喪禮而天子諸侯禮不傳是以學者疑之而不知顧命春秋正禮之所當據也

鄭伯以璧假許田三家皆以爲魯朝宿之邑吾固以爲東遷之後諸侯無復皆朝王而桓王之時諸侯背叛天子何暇更以周公功德而賜魯以畿内來朝之邑必不然也且既曰許田則許之田而已謂之邑可乎學者知其非而見詩有居常與許爲僖公之美則又謂魯自有許鄭伯之所假者在是故僖公能再取之而頌以爲復周公之宇疑近似矣亦不然凡春秋内取舊邑未嘗不見于經僖公誠能取所假安得不見經乎今之所假亦不得不正言許以包田而徒謂之許田也以吾攷之許

莊公之奔魯嘗與鄭入許矣鄭莊公中分其地奉許叔居許西偏以其大夫公孫獲居許東偏是蓋屬之以爲附庸許固自在也其與魯共取之者特許之田爾許近于鄭鄭既有其半又欲併魯而得之故以璧假焉恐諸侯之言攘其地也春秋所以正名謂之許田歟許田之爲言猶郜鼎也郜鼎取之宋不可曰宋鼎故挈郜鼎以罪其取人器及其薦于太廟也曰納焉知周公之弗肯受也許田取之魯不可曰魯田故挈許田以罪其取人地及其復以與鄭也曰假焉知鄭伯之不得受也鄭既

兩得之而許之爲許者無幾矣雖後許叔復入許以合
公孫獲之土然鄭之有其田者終莫歸也故楚子嘗謂
昔我伯父昆吾邑于舊許鄭人貪賴其田而不我與而
王子勝謂鄭以許爲余俘邑此可以證矣推是以攷三
家之言其可苟信哉
王制方伯朝天子皆有湯沐之邑于天子之縣內覛元
士按元士受田覛附庸則不滿五十里之邑也賈氏疏
引五經異義云公羊說諸侯朝天子天子之郊皆有朝
宿之邑從泰山之下皆有湯沐之邑左氏說諸侯有功

德于王室京師有朝宿之邑泰山有湯沐之邑魯周公之後鄭宣王母弟皆有朝宿湯沐邑其餘則否許慎謂周千八百國皆有朝宿邑盡京師地不足容此其言是也公羊之說自不得行若謂有功德如左氏所言亦未盡蓋必爲方伯者而後得賜焉魯鄭固嘗爲方伯而傳其後者然遂以祊與許田附益之亦非是許在畿內方是時周雖衰王畿之地猶得自爲主桓王與鄭莊公貳取其鄔劉蔿邘之田而與之蘇忿生之田鄭不敢違豈嘗假王畿之地與人不請于王而王聽之鄭不受于王

而敢自取畿内之地乎必不然矣此吾所謂不得于事則度于情者雖有三家之言而終不敢以爲信也或曰魯頌言僖公居常與許復周公之宇周公受封之地本自有許創朝宿之邑也桓假于鄭而僖復之故詩云爾此似是而非也古者邑名與國同者甚多向國也而莒邑亦有向泰國也而魯邑亦有泰今取向國之田而謂之取莒邑取泰國之田而謂之取魯邑可乎審僖果能復桓所假之地則春秋自當如取濟西田取汶陽田書于經則魯頌所謂許者自爲受封之地則可非許之田

亦非朝宿之邑也

近郊遠郊各五十里總百里統謂之郊即六鄉之地爾雅所謂國外曰郊者也郊之外曰甸亦百里即六遂之地爾雅所謂郊外曰野者也六鄉之內農夫所食之餘則有廛里場圃宅士賈官牛賞牧之田凡九等蓋此九等之人非農夫亦受田則使人耕之不可責以公田故各爲之差以征之征者稅也六遂之內農夫所食之餘則有公邑此田之在公家者如籍田之類天子使大夫治之則縣師是也大抵王畿五百里郊甸稍縣都各百

里而郊特分遠近各居其半故近世學者多誤以近郊爲六鄉之地遠郊爲六遂之地至于甸既非鄉遂又非公卿大夫之采地則莫知所名此攷禮不熟之過也周官載師言之甚詳鄭氏賈氏釋之亦皆有理是不得見于經猶幸得之于先儒者諸侯之制雖不可知然以王畿推之亦可槪見所謂四井爲邑者井方一里四井爲四里此四四而積之以名其地者爾未必皆城郭也所謂公邑家邑者公邑縣師之所治家邑王大夫之所食則必有城郭焉故有公邑之田家邑之田都又有大于

邑者故又有小都之田大都之田此田與都邑之辨而春秋書鄭伯以璧假許田取汶陽田取濟西田之類本不與邑對但記其田而已若取鄆取讙及闡之類皆邑也或取邑而田與之俱或不盡取其田舉其大者則田不必言也公羊于璧假許田發例云田多邑少稱田邑多田少稱邑夫地各有經界均以四井爲邑則一邑之田固不得增損若所謂許田者許之田爾何以爲田多豈取許田而又取旁邑之田乎取鄆者鄆一邑爾何以爲邑多豈取鄆而又取旁田之邑乎

大水公羊不爲側左氏以平原出水爲大水穀梁以高下皆有水災曰大水夫高下皆有水雖堯之懷山襄陵無以過也何遽至是乎謂平原出水則水不必平原出也魯弔宋大水之辭曰天作淫雨害于粢盛若之何不弔蓋凡久雨霖潦積于汙下或川澤泛溢而爲麥苗之害皆大水也故凡春秋書大水皆在秋謂夏之五月六月七月水潦方降大雨時行麥已成而禾方苗秀之時也其書夏大水惟桓公一見而已二月至于四月農事方興或害于布種而不常也故不屢書冬春則雖大水

不爲害故不書而霖雨亦不書蓋雖霖雨不爲災亦不必書若爲災而書大水則霖雨不必見舉重也書大雨震電者以大雨而見震電之失時也書大雨雹者以大雨而見雹之爲災也非爲雨也而左氏于大雨震電誤以爲大雨霖以震爲例曰凡雨自三日以往爲霖不惟非經所有雨三日以上蓋不勝書矣杜氏附會遂以經無霖字爲經誤豈特黨傳疑經之罪兼不知經也

孔父仇牧荀息是三人其死于難則同其所以死于難則異與夷與捷者孔父仇牧之君也孔父仇牧者與夷

與捷之大夫而與之共天位者也不幸而有督與萬之難孔父仇牧不死而誰死之乎先殺孔父而後得行惡于其君復殺仇牧而後得施于君者無以過其惡則盡臣之義而不愧其君者孔父仇牧也故春秋正弑君之賊而得與其君並見曰及其大夫孔父仇牧者所以立天下之爲臣也乃荀息則非從君于昏而阿其爲不正者也方獻公之使荀息傅奚齊也曰以是藐諸孤辱在大夫其若之何稽首而對曰臣竭其股肱之力加之以忠貞其濟君之靈也不濟則以死繼之不知獻公之以

奚齊委息也姑傅之使保其身耶將遂君之耶息之許獻公也姑傅之耶遂欲君之耶不可得而知也然既曰傅矣正獻公欲君奚齊正不正非息之責也則亦使無愧于傅者而已獻公死而奚齊立里克欲殺奚齊而息不從既殺之矣又爲之立卓子不克而遂死焉則息亦盡其傅之之道而不愧其君者君子所以得與孔父仇牧之辭一施之也孔父仇牧以執政論之也荀息以傅論之也齊莊公弒晏子立于崔氏之門外門啓而入枕尸股而哭之興三踊而出君子不責晏子之不死者不

當其任也子路曰桓公殺公子糾召忽死之管仲不死曰未仁乎子曰桓公九合諸侯不以兵車管仲之力也如其仁如其仁子貢曰管仲非仁者歟桓公殺公子糾不能死又相之子曰管仲相桓公霸諸侯一匡天下豈若匹夫匹婦之爲諒也自經于溝瀆而莫之知也夫子雖許管仲之不死而未嘗不許召忽之死夫能爲管仲于春秋之時則可于春秋之法則不可此春秋所以不以管仲不許召忽之意也故曰可以託六尺之孤可以寄百里之命君子人與君子人也曾子其知之矣是三

人者事不同而其義同此春秋一施之而無異辭者所以盡人臣之道也弒君未有言及其大夫者惟孔父仇牧荀息三見左氏號據魯史宜得事本末爲詳而孔父仇牧事不惟甚略兼反亂其實如孔父誤以義形于色之言意之爲殺孔父取其妻公怒督懼而弒遂妄爲義以督有無君之心而後動于惡故先書弒君此既不知事又不知經謂宋萬弒閔公遇仇牧于門批而殺之若然則孔父嘗以不閑其家而禍其君仇牧自爲兩下相殺法不當見經則何爲而錄之乎惟公羊得其事詳故

能盡經意疑必有所受之穀梁畧聞其說而不盡故皆以孔父仇牧荀息爲閑也夫孔父以氏字見仇牧荀息以名氏見皆卿而執政者也國之安危君之存亡蓋以身任而與之俱者焉季氏欲伐顓臾孔子責冉求不能救曰危而不持顛而不扶則將焉用彼相矣彼陳力就列自一命以上猶若是而況執國之柄者乎崔杼弑齊莊公晏子立于崔氏之門外其人曰死乎曰獨吾君也乎哉吾死也曰行乎曰吾罪也乎哉吾亡也曰歸乎曰君死安歸故君爲社稷死則死之爲社稷亡則亡之若

爲己死而爲己亡非其私暱誰敢任之君子不責晏子以不死者謂其非執政以公羊攷之孔父正色立朝則人不敢過而致難于其君故督欲弒殤公而先攻孔父之家殤公知孔父死己必死趨而救之皆死焉則孔父者與殤公俱爲存亡者也宋萬搏閔公絕其脰仇牧聞君弒趨而至遇之于門手劒而叱之萬臂撥仇牧而碎其首齒著于門闔則仇牧者亦與閔公俱爲存亡者也荀息立卓雖不正然荀息立之亦既踰年而國人君之矣荀息以名氏見是亦正卿也知死者反生生者不愧

其言以爲信而死卓難則荀息亦與卓俱爲存亡者也且春秋之時弑君多矣有臣如是三人者乎夏徵舒之亂公孫寧儀行父從君于惡者也陳靈公之弑能假楚而討賊春秋猶許陳得納而況此三人春秋以爲此與其君俱爲存亡者故得與其俱見所以正萬世君臣之義也左氏既誤以孔父爲助惡卓之弑尚以斯言之玷罪荀息嗚呼尚可與言經哉

孔父以字見學者爲之說多矣穀梁以爲爲祖諱其陋固不待言亦嘗以宋二王之後得備王官者觀之乎孔

子曰宋之郊也契也是天子之事守也以正魯郊爲周公之衰則二王得備天子之禮有自來矣故內有三媵王后之制也外有六卿王官之制也吾嘗言之矣則司城司馬皆得以官舉與宰周公之見于周者同也然則孔父亦四命之大夫與周之家父同歟孔氏也父字也夫魯以得置孤卿而單伯見單伯非魯所得有也鄭祭足以入爲王大夫而以祭仲見祭仲非鄭所得有也學者不疑二人而疑孔父其亦未之思歟

會稷目成宋亂左氏旣誤載孔父妻之事固不足與言

義而書以郜鼎賂公之事據史文猶得其實公羊但以諱言之夫諸侯之會多矣初未有目事者此特目成宋亂不于是求之而徒論諱之遠近桓之大惡固不一豈皆以遠而暴之乎穀梁以公爲志成乎是亂而取不成事之辭加之以爲君子無遺内惡之義春秋罔未有虛加之者實不能成其亂而謂之成理豈有是哉左氏見其事而不明乎經二氏旣不見事又不明經是以兩失之也經目事惟宋爲然執宋公釋宋公宋災故與此而四吾嘗言其然矣平者成也宣四年平莒及郯傳左氏

固著之諸侯凡侵伐而不言勝敗或伐者取成而還或受伐者行成而罷皆見于左氏而其所謂成者未必皆當也特言其已事而不終其役而今宋之亂諸侯固將討督之罪果能誅督與蔡人殺陳佗同書善孰大焉今四國皆受其賂必歸惡于殤公而錄召莊公以爲功莊公亦必德立已以爲之請遂恕不討而因使之相宋公是亦與行成而還者何異春秋以宋之故特目焉夫旣謂之亂固不可不正而反于治豈有但平之而止者乎先王有取亂者矣亂則滅之是也有救亂者矣亂則援

之是也未聞有成亂者亂而平之既不能救又不能取
是與之也四國之罪尚可逃乎
崔杼弑齊莊公晉侯濟自泮會諸侯于夷儀伐齊齊人
以莊公說使隰鉏請成慶封如師男女以班賂晉侯以
宗器自六正五吏三十帥三軍之大夫百官之正長師
旅及處守者皆賂晉侯許之使叔向告諸侯魯使子服
惠伯對曰君舍有罪以靖小國君之惠也寡君聞命矣
春秋書公會晉侯宋公衛侯鄭伯曹伯莒子邾子滕子
薛伯杞伯小邾子于夷儀此與宋督弑殤公諸侯同討

宋督以郜鼎賂公齊陳鄭皆有賂遂相宋公春秋書公會齊侯陳侯鄭伯于稷者何以異同以賂免也然春秋目宋不目齊吾然後知春秋致意于宋者與他國異也夫弑君見討而以君說必有加之辭者矣君雖不君臣不可以不臣爲霸主者其可受其辭乎爲其賂也于是乎釋之左氏載宋殤公立十年十一戰民不堪命孔父嘉爲司馬督爲太宰故因民之不堪命先宣言曰司馬則然已殺孔父而弑殤公此宋人之辭也齊亦猶是乎春秋挈之曰以成宋亂以之爲言穀梁所謂不宜以者

可施之于此矣未有弑君可以成而平者也春秋之意子服惠伯獨知之故言君舍有罪而惠小國雖叔向不能答焉其畧而不言者齊賊不討而崔杼得存知諸侯之無能為也雖有異于宋之辭而其罪則與宋等矣

胥命三家皆以為善故荀子亦曰詩譏屢盟春秋善胥命荀卿之學學者以為出公羊故云也即春秋之將言之諸侯以好見于國中則曰朝有不協而相見于御地非盟則曰會今以好則非朝以不協則非盟會曰結言而退謹言而退者何所言邪且既謂之命則必有事曰

不盟可也而命之當否春秋安得不正而但以其不盟遂以爲美耶書曰王言惟作命不言臣下罔攸稟令命天子之事也非諸侯所得更相爲故曰爲天下主者天也繼天者君也君之所存者命也爲人臣而侵君之命而用之是不臣也爲人君而失其命是不君也君不君臣不臣此天下所以傾也穀梁亦既言之矣今諸侯而兩相命獨不以不臣正之乎以吾攷之齊侯者僖公也衛侯者宣公也管仲對楚之辭曰昔召康公命我先君太公曰五侯九伯汝實征之以夾輔周室賜我先君履

東至于海西至于河南至于穆陵北至于無棣此齊之舊也詩旄丘言責衛伯狄人迫逐黎侯黎侯寓于衛衛不能修方伯連率之職黎之臣子以責于衛毛氏謂康叔侯爵今曰伯時爲州伯此衛之舊也蓋方是時周室既衰天下無伯諸侯無所從僖公宣公各因其舊不請于天子自爲方伯之職而更相命此春秋所以譏爾旄丘之作疑在受命之後是以詩謂之衛伯而黎之臣子得以責之不然孟子曰齊桓公葵丘之會自一命至于五命束牲載書而不歃血春秋但書會而不書盟何以

不與其命乎桓公之霸受于天子所謂命者蓋以天子之命命之則無嫌其稱命也故與鄭伯與虢叔同謀納周惠王事云胥命于弭其意亦若以爲結言不盟者其不知經可知矣

公子翬如齊逆女魯使其宗卿逆女者桓之公子翬宣之公子遂成之叔孫僑如也然其至也桓則曰夫人姜氏至自齊而宣則書遂以夫人婦姜至自齊成則書僑如以夫人婦姜氏至自齊翬不言以而遂僑如言以何也以之爲言制之在我也故乞他人之兵而己用之言

以劉子單子挈王子猛居于皇言以尹氏挈王子朝入
皇城言以夫人者吾君之配而國之小君也豈大夫所
得制哉翬受命于桓奉之而歸也故以重書夫人至而
不及翬宣公遂之所立也遂既私于敬嬴欲殺其嫡惡
及視而立宣公爲之請于齊則將以結齊援而請昏者
遂之爲也故不待終喪而亟請于齊穆姜之逆其在遂
而不在宣公乎叔孫僑如亦通乎穆姜者也成公立十
四年而未娶僑如方逼穆姜使請于公以去季孟雖仲
孫蔑季孫行父莫如之何其亦必假穆姜之故以亟求

于齊出姜之逆其亦在僑如而不在成公乎故春秋皆特書以見制之在二人也魯之治家所謂不可道者也而莫甚乎遂僑如蓋與衛公子同惡而皆專其國政雖其君不自爲而聽命之不暇故夫人也將與共承宗廟社稷之重古之人盡冕而親迎而大夫得以御之尚何以治其國乎

古者歲與年異于文步戌爲歲則歲者以戌一周爲言也故凡論日者皆舉歲書以閏月定四時成歲記朞有三百有六旬有六日是也年以禾爲節則年者以禾一

熟爲言也故凡論月者皆舉年體三年之喪記二十七月之類是也然則年者適在禾熟之時矣故有年言年而不言歲也

古之帝王莫嚴于事天故凡言人事未嘗不以天道參之如作善降之百祥作不善降之百殃天乃不畀洪範九疇天乃錫禹洪範九疇之類著其必然其辭盡而不隱至商而其俗稍弊舍人事而證于鬼所謂商人尊神率民以事神先鬼而後禮其民之弊蕩而不靜者也故天人之學孔子始略而不盡言使學者以意求之而已

春秋所以書災祥而不著其應如有年大有年終二百四十二年之間纔各一見有年在桓公之世大有年在宣公之世夫有年者無年之對五穀熟爲有年大熟爲大有年自非凶荒饑饉無非有年者故曰匪今斯今振古如茲今以大熟爲不常得而書者也然亦不應止一見若有年則不勝書何獨見于桓公乎蓋桓宣皆弒君而自絕于天宜天降之殃而不畀以有年者適幸見之故各因其事而一見爾不專爲有年大有年設也與詩甫田刺幽王而言倬彼甫田歲取十千繼之言自古有

年而終篇但言有年者同此乃孔子之深意學者初未
嘗論其世不然豈終春秋獨此二年爲五穀熟乎吾微
發其端而不敢盡亦以存春秋之旨故曰夫子之言性
與天道不可得而聞也

春秋考卷六

春秋考　卷六　三　朱彼校